가장 빛나는 나이에
싸구려로 살지 마라

나를 응원하고 싶은 30대를 위한 인생 책

가장 빛나는 나이에
싸구려로 살지 마라

펴낸날 2024년 6월 25일 1판 1쇄

지은이 차이유린
옮긴이 하은지
펴낸이 김영선
편집주간 이교숙
교정·교열 정아영, 나지원, 이라야, 남은영
경영지원 최은정
디자인 정윤경
마케팅 신용천

발행처 ㈜다빈치하우스-미디어숲
출판브랜드 더페이지
주소 경기도 고양시 덕양구 청초로 66 덕은리버워크지산 B동 2007호~2009호
전화 (02) 323-7234
팩스 (02) 323-0253
홈페이지 www.mfbook.co.kr
출판등록번호 제 2-2767호

값 17,800원
ISBN 979-11-986324-7-0(03180)

㈜다빈치하우스와 함께 새로운 문화를 선도할 참신한 원고를 기다립니다.
이메일 dhhard@naver.com (원고 및 기획서 투고)

가장 빛나는 나이에
싸구려로 살지 마라

나를 응원하고 싶은

30대를 위한 인생 책

차이유린 지음 ― 하은지 옮김

더페이지

겨우 서른,
인생은 지속된다

서른, 지나치게 아름답고 찬란하며 매력적인 나이.

우리 선조들은 서른은 세상에 자립하는 '이립而立'이라고 했지만, 요즘은 다들 말한다.

"겨우, 서른일 뿐."

인생은 과연 언제부터 제대로 시작되는 걸까? 인생에서 '가장 좋은 나이'란 언제일까? 책에는 저자가 그동안 치열하게 살아오며 고민한 인생의 경험과 그 특유의 관점이 그대로 녹아 있다. 추천사이긴 하지만 책을 읽고 느낀 바를 먼저 나누겠으니 유념해서 읽길 바란다. '스포일러'가 있을 수 있다.

서른은 인생에 더 많은 지혜와 권리가 생기는 나이다. 모든 순간이 시작이고, 모든 순간이 가장 좋은 때다.

이 책이 출간되자마자 손에 넣을 수 있었던 건 참 행운이다. 저자는 책을 통해 이제 막 서른이 되었거나, 서른을 앞둔 이들에게 잔잔하면서도 현실적인 위로를 건넨다. 지금까지 직장생활을 하며 여러 차례 억울한 일을 당했을 수도 있고, 몇 가지 눈에 띄는 공로를 세웠을 수도 있다. 몇 번의 연애와 사랑을 하면서 인생의 밝고 어두운 면을 골고루 경험해 봤을지도 모른다. 저자는 그런 자신의 경험을, 그리고 그 경험 속에서 얻은 깨달음을 덤덤하게 써 내려가면서 서른 즈음의 우리에게 위로를 전한다.

서른이 되면 미래에 대한 조금 더 현실적인 계획을 세운다. 내 집 마련, 자동차 구매, 결혼, 이직 혹은 창업, 해외 유학이나 이민 등 비교적 굵직굵직한 계획을 세우고 고민한다. 하지만 인생의 가장 높은 경지에 오르는 길은 '버림의 행복'을 터득하는 것이다. 끝나버린 사랑, 직장에서의 어려움 등을 하나하나 돌아보고, 나는 왜 계속 몇 년째 제자리걸음인지를 분석하면 내 개인의 단점을 발견하고 과거의 잘못된 습관에서 벗어날 수 있다.

못된 성격을 버리고, 나쁜 습관을 버려야 새로운 인생을 살 수 있다.

현대인은 늘 공허하다. 그래서 자꾸만 남의 SNS를 기웃거리지만, 그들이 올린 행복한 사진을 보며 도리어 초라함을 느낀다. 저자는 그런 우리에게 틀에 박힌 다정한 위로를 건네지 않는다. 연애, 일, 인간관계, 그리고 삶이라는 네 가지 부분에서 우리가 놓치고 있는 '구멍'을 발견할 수 있도록 때로는 냉정하게, 때로는 현실적으로 조언한다. 절대 나 자신에게 억울한 삶을 살지 말라고, 나를 잘 이해하고 보살피라고 강조한다. 전체를 통틀어 그가 전하고자 하는 메시지는 하나다.

이 세상에서 가장 잘 보살펴주어야 할 사람은 바로 나 자신이라고.

실내 디자이너에서 출발해 브랜딩 컨설턴트를 거친 저자는 현재 타이완에 돌아와 기업을 관리하면서 아로마테라피 브랜드를 출시했다. 오랫동안 여러 직업을 거치면서도 칼럼니스트로서 글 쓰는 일을 게을리하지 않았다. 공개적인 장소에서 그를 치켜세우는 건 개인적으로 잘 못하지만, 그가 진정 사람들에게 영향력 있는 인물이라는 점에는 한 치의 의심이 없다.

이 책이 출간된 후 그가 출판계의 '괴물급 신인'이 되리라는 것도 자신한다. 지난 십여 년의 세월 동안, 기회가 올 때마다 그는 최선을 다해 뛰어다녔다. 가끔 지친 기색을 보일 때마다 '포기하지 말라'고 위로해 주고 싶었지만, 얼마 후면 빛나는 눈을 하고 나를 찾아와 그동안 자신이 배운 게 무엇인지, 앞으로 뭘 할 건지 수다스럽게 털어놓고는 했다.

다양한 경험과 인생에 대한 깊은 고찰 덕분에 나이답지 않게 성숙한 에너지를 가진 그가 이 책에 자신을 고스란히 담아냈다. 비록 내가 조금 더 나이가 많긴 하지만, 나는 여전히 그에게 많은 것을 배운다.

첫 책의 출간을 진심으로 축하한다. 곧이어 두 번째, 세 번째 작품을 볼 수 있으리라 확신한다. 가슴으로 낳은 동생이지만, 진심으로 그를 아끼고 축복한다.

방송인 류한주

지금, 바로 오늘이
우리 인생의 최고의 순간

올해가 되어서야 나는 비로소 나 자신과 진정으로 화해하기 시작했다. 지난 몇 년간 삶의 많은 것을 '정리하고', 또 '버리면서' 어느새 나는 소년에서 어른이 되었다. 스물두 살부터 지금까지, 11년의 세월 동안 수많은 심경의 변화를 겪은 뒤 비로소 독립적이고 자주적인 지금의 내가 '만들어졌다.'

나는 지금의 내가 참 좋다. 많다면 많고, 적다면 또 적은 나이의 나는 요즘 삶의 본질에 관해 사색하며 맛있는 걸 먹고, '내일은 또 어떤 일이 생길까?' 하는 호기심을 품은 채 '품격 있는' 인생을 살아내려 노력한다. 지금 내게 주어진 가장 큰 숙제는 최선을 다해 하루하루를 살아내는 것이다.

책을 펼쳐 든 순간, 지금 내 나이 때의 당신 모습을 떠올릴 수 있길 바란다. 서른셋의 당신은 어떤 모습인가? 대충대충, 마지못해 하루하루를 버텨내진 않았는가? 아니면 혹시 빨리 퇴직해서 나만의 작은 카페나 가게를 꾸려보겠다는 꿈을 꾸는가? 아니면 인생의 '버킷리스트' 중에서 이미 몇 가지는 멋지게 완성했는가?

2020년, 갑자기 불어닥친 코로나19 팬데믹으로 우리는 모두 '느리게 걷는 법'을 배웠다. 그 후로 우리에겐 예상치 못하게 많은 시간이, 그것도 아주 많이 주어졌다. 그동안 입으로만 말했던 '재택근무', '혼자 여가 시간 즐기기' 등이 진짜 현실이 되면서 나 자신을 관찰하고 돌아볼 기회도 많아졌다. 이 시간에 '자기 계발'에 집중한 사람들은 큰 수확을 얻었다. 나 역시 그중 하나다.

총 서른 아홉개의 이야기로 구성된 이 책에는 가장 아름답고 밝게 빛나던 내 인생의 시간들과 그간 치열하게 고민하며 얻어낸 삶의 깨달음이 담겨 있다. 직장과 일에 관한 이야기, 내가 느꼈던 일상의 온도나 인간관계에 관한 이야기들도 함께 담아냈다.

돌아보면 가끔은 억울한 일도 있었고, 또 가끔은 후회에 몸서리치던 날도 있었다. 어린아이처럼 큰 소리로 운 적도 있었고, 죄책감과 열등감에 괴로워하던 날도 있었다. 분노에 가득 찬 마음을 안고도 누군가에게 감히 싫은 소리 한마디 하지 못할 때도 있었고, 직장에서 수많은 시련에 부딪히는 와중에도 끝까지 꿈을 버리지 않았다. 그런 시간을 견디면서 나는 조금씩 달라졌다. 나는 그런 나를 부정하거나 포기하지 않았다.

인생 '최고의 나이'에 나는 소위 '성공한 사람'이 되겠다는 꿈보다는 '꽤 괜찮은 사람'이 되고 싶다는 꿈을 꿨다. 그럴듯한 매일을 살아내고자 한다면 그 변화는 오늘, 지금부터 시작해야 한다. 노력은 우리를 배신하지 않는다. 괜찮은 사람이 되기 위해 나는 매일 나에게 한숨 고르고 다시 달려갈 약간의 시간을 남겨 주었다. 세상은 그런 나의 노력을 알아봐 주었고, 나를 꿈에 조금 더 가까이 데려와 주었다.

오늘 억울한 하루를 보냈다고 해서 1년 내내 그렇게 살 수는 없다. 오늘 하루 우울할 수는 있지만, 그렇다고 평생을 우울하게 보내서는 안 된다. '긍정적인 마인드'야말로 인생에서 가장 남는 장사다. 몸과 마음이 건강해야 커리어와 인생도 평탄하게 흘러간다. 자기 인생조차 의심하고 불신하는 사람을 남들이 믿어줄 리 만무하다. 지금 내 나이, 주변 사람, 주변 환경이 주는 불안함과 걱정을 덜어버리고 대신 선량한 마음과 인생에 대한 호기심, 자신감을 품으면 완전히 다른 삶을 살 수 있다.

단언컨대 나는, 그리고 당신은 지금 인생에서 가장 아름다운 시기에 있다. 부디 이 책이 당신에게 잔잔한 용기와 힘을 줄 수 있길 바란다. 근심과 걱정, 불안함과 조급함을 버리고 타인을 향해 친절을 베풀고, 삶에 대한 희망을 품을 수 있길 바란다. 아름다운 미래는 그런 사람에게 찾아온다.

인생은 꿈을 좇는 여정이다. 당신이 지금 어떤 단계의 '최고의 나이'에 있든, 당신의 모든 경험이 건강한 미래를 맞이하는 밑거름이 되길 바란다. 그러는 사이 일과 인간관계, 삶은 당신이 꿈꾸는 그 인생에 한 걸음 더 가까이 다가가 있을 것이다.

과거를 털고 일어나자. 행운의 여신이 당신의 노력과 용감함에 시선을 돌리게 하자. 앞으로의 5년, 그다음 10년, 나아가 더 오랜 시간 동안 당신은 계속해서 꿈을 향해 가까이 나아갈 수 있을 것이다. 당신의 오늘을 진심으로 응원한다!

저자 차이유뢴

차례

Part 1

사랑하라, 한 번도 상처받지 않은 것처럼

Part 2

좋은 친구, 괜찮은 우정

Part 3

나를 위한 일, 일을 위한 나

Part 4

매일을 착실하게, 그리고 아름답게

Part 1

사랑하라,

한 번도 상처받지 않은 것처럼

서른을 훌쩍 넘기고도
혼자인 나에게

서른을 넘기면서 변한 게 있다면 더 이상 이십 대 초반에 그랬던 것처럼 새로운 친구나 이성을 사귀는 데 열을 올리지 않는다는 것이다. 그리고 그들에게 호감을 얻으려고 아등바등 애쓰지도 않는다. 그보다는 조금 더 현실적이고 실질적인 것을 추구하며 안정적인 관계를 선호한다. 어릴 적 꿈꿨던 '동화 속 왕자님'이나 '공주님'을 마음속에서 지운 지는 오래다.

나에겐 내 마음에 쏙 드는 짝을 고를 권리가 있다. 함께 있어도 편안한, 심지어 가끔은 서로의 존재를 신경 쓰지 않아도 될만큼 나를 자유롭게 해줄 짝을 고를 권리 말이다. 직장에서 여덟 시간 넘게 일한 뒤 피곤함에 찌든 몸뚱어리를 이끌고 집에 돌아온 나에게 때로는 혼자만의 시간이 절실하게 필요한 순간이 있을 수 있기 때문이다.

물론 내가 '솔로 라이프'를 즐기는 이유는 그 외에도 많다. 일단은 눈코 뜰 새 없이 바쁘다. 정신 없는 일정을 뒤로 한 뒤에는 나 혼자 보내는 시간이 너무 소중하게 느껴진다. 게다가 입고 싶은 옷을 살 수 있을 만큼의 돈이 있고, 먹고살 만한 일자리가 있는 지금, 딱히 누가 옆에 없다고 해서 아쉬울 게 없다. 이제는 어떤 스타일이 내게 제일 잘 어울리는지도 알고, 무조건 많이 먹는 것보다는 하나를 먹더라도 제대로 먹는 게 좋다는 것도 안다.

어떤 면에서 보면 혼자 즐기는 삶이 오히려 편하다. 그런 나에게 가장 다루기 어려운 게 있다면 바로 '사랑의 감정'이다. 혼자 오랜 시간을 보내서인지 가끔 이제 나는 사랑의 대상에서는 배제된, 심지어 변방에 '버려진' 느낌이 들기도 한다.

'썸'에 관한 진실

누군가 왜 혼자냐고 물어보면 "연애를 하려면 일단 돈과 시간이 드니까."라고 말하지만, 사실 그건 핑계다. 그보다는 새로운 누군가를 알아가고 감정을 나누는 것에 거리감이 든다. 그래서 자꾸만 '사랑한다'는 말은 쏙 빠진 일종의 '썸'의 관계에만 만족하려고 한다. 서로의 미래를 그리는 일은 잠시 보류하고, 포옹 한 번으로 한 달을, 입맞춤 한 번으로 두 달을 버텨본다. 이렇듯 '감정'이 빠진 '비즈니스'에 가까운 관계에 진짜 사랑이 찾아올 리 만무하다.

철없던 시절, '사랑해'라고 말하는 건 하나도 어렵지 않았다.
그런데 서른이 되고 나니 '널 좋아해'라고 말하는 것조차
마치 목숨을 내놓으라는 말처럼 버겁게 느껴진다.

나이는 점점 늘어 가는데 용기는 점점 줄어드는 것 같다.

서른에 하는 사랑 고백에는 의연함이 필요하다. 난감해하는

상대의 표정이나 예상 밖의 시나리오에도 연연하지 않으려고 한다. 이건 자신감과는 별개다. 그건 그저 당황할 법한 상황에서도 평정심을 유지하는 법을 터득한 어른이 되었다는 의미다. 여기서 중요한 건 이 고백 때문에 상처받는 사람이 아무도 없어야 한다는 것이다. 나도, 상대도 타격이 없어야 한다. 그렇지만 이런 '쿨'함 때문에 나는 결국 사랑을 얻어내지 못한다.

진짜 사랑을
찾아 헤매던 나날들

'인풋'이 '아웃풋'에 꼭 비례하는 건 아니라는 걸 이제는 안다. 내가 쏟아부은 사랑만큼 그 사람도 날 똑같이 사랑하는 건 아니다. 이따금 '저 사람이 날 먼저 버리고 가진 않을까?'라고 생각하기도 하지만 그건 그 사람 탓이 아니다. 그 사람을 원망하기보다 '나는 왜 이 관계를 신뢰하지 못하는지' 점검해야 한다.

  나이가 들면서 점점 감정을 정리하는 일에는 과감해진다. 자꾸만 '서로에게 좋은' 결정을 내리려고 한다. 피차 시간을 낭비하지 않는 쪽을 택하려고 하는 것이다. 어른이 된 후의 사랑에는 그만큼의 심리적 압박이 있지만, 그만큼의 평온함도 필요하다. 어느 날, 갑자기 그 사람에게 나보다 훨씬 잘 어울리는 사람이 나타나면 기꺼이 축복하며 떠나보내기도 한다.

실패하고 싶지 않은 마음에 자꾸만 신중에 신중을 기한다. 소위 '결혼 적령기'에 접어들어서인지 누군가를 정식으로 만나기 전에는 결혼에 대해 한 번쯤 생각하게 된다. 외모는 괜찮은지, 집안 형편이나 학벌 등 조건은 괜찮은지를 따진다.

'평생의 반려자'라는 말이 주는 중압감 때문에 상대가 자기 가족을 소개해 주고 싶다고 말하면 왠지 너무 급히 서두르는 것 같은 느낌이다. 그렇다고 그 사람의 가까운 친구와 가족을 외면하자니 걱정이 앞선다.

결혼에 관한 이야기가 나오면 함께 늙어갈 배우자가 생긴다는 생각에 마음이 놓이다가도 덜컥 겁이 난다. 이미 혼인을 했는데 성격이 안 맞는다고 쉽게 헤어질 수도 없는 노릇이고, 헤어진다고 딱히 행복할 것 같지도 않아서다. 매번 중요한 인생의 전환점에 설 때마다 잔뜩 날을 세우고 세상과 맞서 싸우는 느낌이다.

나는 '최고의 사람'을
만날 가치가 있다

●●

그러므로 '솔로' 시절에 확실한 정리가 필요하다. 혼자인 시간을 잘 활용해 나 자신을 가꾸고 돌봐야 한다. 혼자인 시간을 건강하게 잘 보내는 사람이야말로 삶의 균형을 잘 잡을 수 있고, 자신에게 가장 잘 맞는 사람을 알아볼 수 있다.

사랑이 다시 찾아온다면 조급해하지 말자. 행복에 대한 나의 바람과 기준을 굳이 타협할 필요는 없다. '조건에 맞는 사람'을 만난다는 건 단순히 경제적인 지위가 걸맞은 상대를 말하는 게 아니다. 여러 방면에서 나와 마음이 통하고 공감할 줄 아는 사람, 삶에 대한 가치관과 생각에 큰 차이가 없는 사람, 대화가 잘 통하고 서로를 진심으로 아끼는 사람을 만난다는 뜻이다.

매일 이토록 열심히, 치열하게 살아가는 나에게 더 즐겁고 행복한 삶을 공유할 상대를 찾아주는 건 너무 당연한 일이다.

안정적인 관계를 이어가려면 둘이서 함께 그리는 꿈이 있어야 한다. 거기에 서로에 대한 신뢰와 마음이 더해져야 한다. 단순히 '솔로 지옥'을 빨리 끝내고 싶은 마음에 현실과 타협하지 말자. 혼자인 나에게 지금 최고의 사랑이 찾아오는 중이다. 그동안 잠시, 매일 매일을 멋지게 살아낼 수 있도록 나만의 시간을 갖도록 하자.

불안한 나와
사이좋게 지내는 법

    지금까지 몇 번의 사랑과 몇 번의 이별을 경험했다. 없으면 정말 못 견딜 것 같았던 사람도 만나봤고, 스치듯 잠시 지나간 인연도 있었다. 가끔 외로움이 심한 날에는 빨리 새로운 사랑이 나타나 과거의 기억을 모두 덮어주길 바라기도 했다.

    우리는 모두 '나에게 가장 잘 어울리는 사람'을 만나려고 한다. 하지만 진정한 사랑의 관계는 그 주체가 '나'에서 '우리'로 바뀌어야 한다. 그렇게 되려면 많은 시간과 에너지가 필요하다. 사람들이 말하는 '이상적인 사랑'이란 무엇일까? 반대로 생각해 보면 쉽게 답을 얻을 수 있다. 아무리 노력해도 대화가 잘 안

통하는 사람, 서로의 미래가 잘 그려지지 않는 사람, 자꾸만 나를 불안하게 만드는 사람과는 관계를 이어 나가기 어렵다. 그래서인지 누군가를 만나기 전에는 특별히 조심하게 된다. 짙은 안개 속에서 헤매는 것처럼 보일 듯, 보이지 않는 느낌이다.

'삼박자'가 맞아떨어지는 사람

지금의 '나'란 사람은 과거에 만났던 인연, 내가 걸어온 길을 거쳐서 '만들어졌다.' 그건 부인할 수 없는 사실이다. 하지만 새로운 사랑을 시작하려면 이미 끝난 인연에 대한 아쉬움이나 미움, 죄책감을 떨쳐 버려야 한다. 계속 감정이 과거에 얽매여 있어서는 안 된다. 그렇지 않으면 나는 영원히 현재에 만족할 수 없을 것이며, 과거에 저질렀던 실수를 똑같이 반복할 것이다. 이미 끝난 관계에 아직도 연연한다면 그건 내가 그 관계에서 상처를 받았기 때문이다. 그게 아니라면 답도 없는 그 관계에 이뤄지지도 않을 헛된 희망을 품고 하염없이 기다릴 이유가 없다.

조금 더 이성적으로 생각해 보면 우리가 헤어진 이유는 단 하나, '더는 서로 함께할 수 없었기 때문'이라는 걸 누구보다 잘 안다. '결이 다른 사람'을 만나서 감정을 나누고 '잘못된 길'을 걸어봐야만 비로소 '진짜 인연'을 알아보는 눈이 생긴다니, 인생은 참 아이러니하다.

우리는 자꾸만 완벽한 사랑을 꿈꾼다. 그 완벽한 사랑을 위해 때때로 상대에게 가혹한 요구를 한다. 하지만 진정한 사랑은 나의 보폭에 맞춰 함께 걸어준다. 내가 힘들어 걸음이 느려지면 진심으로 걱정해 주고 부축해 주는 사람과 비로소 오랜 관계를 이어갈 수 있다. 그리고 나 또한 상대에게 그렇게 할 수 있어야 한다.

소위 안정감을 느끼는 관계에서는 세계관과 인생관, 가치관이라는 '삼박자'가 맞아떨어진다. 이 '삼박자'가 조화를 이룰 때 자연스럽게 마음에 평안함이 찾아든다. 나와 정말로 잘 맞는 사람은 대화가 잘 통하는 건 물론, 이 '삼박자'가 합을 이룬다.

그런데 계속해서 '맞지 않는 사람'을 반복적으로 만나 실패를 거듭하다 보면 조금씩 '사랑'이라는 감정에 두려움이 생긴다. 심지어 사랑을 거부하기도 한다. 누군가를 힘들게 하는 게 싫지만, 누군가에게 상처받는 건 더 견디기 힘들기 때문이다.

그런 의미에서 보면 아직 진정한 사랑을 만나지 못한 이유는 내가 못나서, 내가 부족해서가 아니라 단지 시간이 조금 더 필요하기 때문이다. 그런 내가 지금 할 수 있는 건 최선을 다해 지금 당장을, 오늘을 살아내는 것이며 나 자신을 잘 돌보고 불안한 나 자신과 '사이좋게' 지내는 것이다.

가장 아름다운 나이에는
사랑과 삶, 새로운 일에 기대를 품고
즐거운 상상을 할 수 있어야 한다.
두려운 마음에 미리 단정 짓지 않아야 한다.

실패한 사랑 때문에 가끔 마음에 어두운 생각이 들 수 있다. 그렇지만 계속 우울해하기보다 내 상처를 직시하고 나는 어떤 사람인지, 어떤 장점이 있는지 돌아봐야 한다. 그렇게 상처가 아물고 나면 나는 지금의 내 모습을 더 많이 사랑하게 될 것이다. 우리는 모두 안정적인 사랑을 원한다. 만일 지금 그 사랑이 눈에 보이지 않는다면 그건 단지 '아직' 그 사랑이 우리에게 오지 않았을 뿐이다. 그러니 걱정할 필요가 없다.

도시의 삶은 숨 가쁘다. 때로는 너무 치열한 나머지 가쁜 숨을 몰아쉬기조차 벅차다. 세상은 늘 우리를 시험한다. 그러나 때로는 수많은 가능성을 보여주기도 한다. 지금의 불안감과 걱정, 조바심은 잠시 내려놓자. 가끔 흐린 날이어도 상관없다. 먹구름이 걷히면 찬란한 태양이 보란 듯이 고개를 내밀 것이다.

우리는 자꾸만 완벽한 사랑을 꿈꾼다.
그 완벽한 사랑을 위해 때때로 상대에게 가혹한 요구를 한다.
하지만 진정한 사랑은 나의 보폭에 맞춰 함께 걸어주는 것이다.

내가 힘들어 걸음이 느려지면
진심으로 걱정해 주고 부축해 주는 사람과
비로소 오랜 관계를 이어갈 수 있다.
그리고 나 또한 상대에게 그렇게 할 수 있어야 한다.

사랑하라, 한 번도
상처받지 않은 것처럼

"우리는 자신의 크기에 맞는 사랑을 선택하거든."

영화 <월플라워>에서 "내가 사랑하는 사람들은 왜 나를 함부로 대할까?"라는 샘의 질문에 찰리가 한 대답이다. 사랑을 할 때는 상대와 나눈 대화에 영화 속 명대사처럼 아름다운 자막이 씌워진다. 그렇지만 내가 선택한 그 사람이 '내가 원하던 사람'인지 '아닌지'는 시간이 지나면서 차차 깨닫는다. 그러나 중요한 한 가지는 내가 '사랑하는 사람'과 '꿈꾸는 사람' 사이에는 언제나 간극이 존재한다는 것이다. 그런 의미에서 '선택'이란 평생을 따라다니는 숙제처럼 느껴진다.

진정한 사랑은 나를
'소모'하지 않는다

●●

집안 배경도 괜찮고 회계사로 일하며 수입도 넉넉한 친구가 한 명 있었다. 그녀에겐 반년 정도 만난 남자 친구가 있다. 한 번은 친구들 모임에서 그녀가 남자 친구에 관한 이야기를 꺼냈다. 상대가 오랜 시간 무직으로 생활했는데 최근 들어 걸핏하면 그녀에게 월세 명목으로 돈을 빌려달라고 한다고 했다. 금전 문제로 헤어졌다 만나기를 수차례 했지만 나아지는 것은 없었다. 명문대를 졸업한 그녀의 한 달 수입은 천만 원이 넘었다. 그렇지만 월급 가운데 본인 생활에 필요한 돈을 빼고 전부 남자 친구를 '부양'하는 데 써버린 탓에 점점 힘든 모양이었다.

그토록 똑똑하고 '잘 나가는' 그녀가 현실과 사랑 사이에서 갈피를 못 잡고 방황하게 된 이유는 무엇일까?

우리가 그녀의 이야기를 듣고 놀라서 입을 다물지 못하자 그녀는 다급히 자신의 남자 친구를 변호하기 시작했다. 그래도 세상 누구보다 낭만적인 사람이며, 자신을 많이 아껴주고 인정해준다는 것이다. 친구들은 모두 혀를 내둘렀다. 그녀는 본인의 문제를 회피했다. 그저 무조건적인 희생으로 상대의 인정을 받으려는 듯했다. 우리는 그렇게 '피해자'가 된 그녀를 아무 말 없이 바라보기만 할 뿐이었다.

사랑을 하면서 나에 대한 가치를 제대로 느끼지 못하면 균형을 잃을 수밖에 없다. 관계 속에서 자기 확신을 느끼지 못할수록 돈과 시간을 하염없이 쏟아붓는다. 이렇듯 비정상적인 '희생'은 그만큼 낮은 자존감을 반영한다. 그러한 관계에 '해피엔딩'이 있을 수 없다.

우리가 사랑에 상처받는 이유는 그들이 그런 식으로 나를 대하도록 허용했기 때문이다.

그러니 상처를 해결하려면 먼저 나 자신과 독대하는 시간을 가져야 한다.

진정한 사랑은
나를 억울하게 만들지 않는다

밝고 긍정적인 사람 중에 열등감이나 죄책감 등 어두운 감정을 회피하려는 이들이 있다. 그들은 어떤 어려움이나 문제를 만나면 제일 먼저 자기 자신을 탓한다. 그러다가 결국에는 자신의 감정과 정서를 모른 척하거나 누군가와 언쟁이 일어날 만한 상황이 생기면 즉시 피해버린다. 누군가에게 미움받는 걸 극도로 두려워하는 그들의 마음속에는 억울함이 가득 쌓인 어린아이가 한 명씩 살고 있다.

인생은 생각보다 길다. 이 긴 여정 가운데 나를 진심으로 아껴주고 사랑하는 인연을 만났다면 최선을 다해 사랑해야 하고 때로는 기꺼이 희생할 수도 있다. 그렇지만 그 과정에서 내 마음을 돌보는 일을 잊어서는 안 된다. 나를 하찮게 여기는 사랑은 '잘못된 사랑'이다. 무조건적인 희생, 무조건적인 관용은 자존감과 자존심을 갉아먹는다. 사랑을 위해 인격까지 잃을 필요는 없다.

굴곡진 사랑을 하면서 자꾸만 '나'를 잃어버리는 이유는 '완벽한 사랑'을 꿈꾸기 때문이다. 그래서 내가 할 수 있는 모든 것을 동원해 아낌없이 쏟아붓는다. 그렇지만 일방적인 희생, 일방적인 헌신은 나를 더 큰 상처 속으로 몰아넣는다. 그럴수록 그 관계에서 더 깊은 외로움과 억울함을 느끼고, 그걸 무마하기 위해 또 희생하는 악순환이 벌어진다.

진심으로 상대를 사랑하는 건 상관없지만, 그렇다고 늘 그 사람에게 '허리를 조아리며' 전전긍긍할 필요는 없다. 정말 나에게 잘 맞는 사람, 진정한 사랑은 나에게 그런 희생을 바라지 않는다. 참사랑과 거짓 사랑은 바로 여기서 판가름 난다. 자꾸만 내가 비참한 존재라는 생각이 들고 나에 대한 회의감이 들게 하는 사람은 진정한 사랑이 아니다. 그러므로 진짜 인연, 진짜 사랑을 만나고 싶다면 먼저 용기를 내서 지금 나의 상황과 문제를 직시해야 한다.

인생은 생각보다 길다.
이 긴 여정 가운데 나를 진심으로 아껴주고
사랑하는 인연을 만났다면
최선을 다해 사랑해야 하고 때로는 기꺼이 희생할 수도 있다.
그렇지만 그 과정에서 내 마음을 돌보는 일을 잊어서는 안 된다.
나를 하찮게 여기는 사랑은 '잘못된 사랑'이다.

외로움을 견디지 못하는 사람들

누군가 지금까지 몇 번의 연애를 해봤냐고 물으면 "여러 번" 해봤다고, "아니, 오히려 너무 많이 해봐서 잘 기억나지 않는다."고 말한다.

그렇지만 말을 하지 않을 뿐, 사실 아직도 떠올리면 가슴이 저릿하게 아려오는 사랑이 있다. 하지만 '연애 시장'에서 한물간 '시즌 아웃' 상품이 되지 않으려는 마음에 조금 더 '세속적'으로 변해간다. 세련되고 쿨한 사람처럼 보이려고 지나간 사랑에 연연하지 않은 척 연기를 한다. 오래된 연애 소설은 침대 밑에 던져버리고 천천히 다가오는 사랑에는 눈길조차 주지 않는다.

첫사랑, 첫 데이트, 첫 연애의 의미는 예전만 못하다.

바쁘게 돌아가는 도시에서 인스턴트, 패스트푸드에 익숙해진 사람들은 사랑에도 똑같은 속도를 요구한다. 자신이 사랑할 사람과 그렇지 않은 사람을 골라내고 결정하는 데 그렇게 많은 시간을 쓰지 않는다. 혼자 있는 시간에는 '남들은 다 연애하는데 너 혼자 뭐 하는 거야!', '너 이런 식으로 가다간 평생 혼자 살아야 해.'라고 재촉하는 것만 같아 마음이 급해진다.

낙오되지 않으려는 몸부림으로
더 고독해지는 사람들

그래서 자꾸만 새로운 사람을 사귀려고 한다. 심지어 걸어가다가 마주친 사람과 인연을 만들어 보려는 무리수를 두다가 난처한 상황이 벌어지기도 한다. 하지만 이런 식으로는 사랑은 고사하고 친구조차 사귀기 어렵다. 그래서 또다시 혼자가 되는 '악순환'에 빠지고 만다.

사람을 만나고 헤어지는 '프로세스'에 점점 익숙해져 버리면 사랑을 나누다가 이별하는 과정이 '순조롭게'만 보인다. 당장 아무라도 빨리 만나야 한다는 조급함으로 누군가를 사귀지만, 서로를 진심으로 이해하려는 마음이 없기 때문에 감정의 깊이가 얕을 수밖에 없다.

게다가 시간이 지나면서 상대의 단점이 하나둘 보이기라도 하면 이내 마음을 접고 다른 사랑으로 재빨리 환승한다. '이 넓은 세상에 나하고 맞는 사람이 한 명도 없겠어?'라는 생각에서다. 하지만 사랑은 이론과 다르다. '도태'되지 않기 위해 억지 인연을 찾아 헤매는 사람에게 '완벽한' 인연이 찾아오기란 쉽지 않다.

나와 대화가 잘 통하는 사람, 같이 있으면 마음을 울리는 사람을 찾아가는 과정은 먼저 나의 내면을 들여다보는 것에서 시작해야 한다. 그렇지 않으면 계속 빙빙 돌며 제자리걸음만 할 뿐이다.

상처를 마주하라.
거기에 찬란했던 나의 아름다운 시절이 고스란히 담겨 있다.
상처를 마주해야만 내가 뭘 원하는지, 나는 어떤 사람이 되고 싶은지 알 수 있다.

새로운 사람을 만나는 것도, 노는 것도 일정 수준이 지나면 지치기 마련이다. 그런 뒤에는 조금 더 안정적인 삶을 살고 싶다는 마음이 든다. 나와 함께 평안하고 무탈한 일상을 만들어 갈 누군가가 곁에 있었으면 하는 바람이 생긴다. 그래서 우리는 자꾸만 과거를 털어버리고 새롭게 무언가를 시작하고 싶어 한다. 하지만 굳이 과거를 지울 필요는 없다. 지금의 '나'는 과거의 내가 모여서 만들어진 결과물이기 때문이다.

외롭지 않은 사람은 없다

불현듯 외로움이 찾아왔을 때 휴대전화 속 연락처를 뒤척이거나 무작정 새로운 '인연'을 만드는 게 해결책은 아니다. 아무리 다양한 사람을 만나도 상처받은 내면의 '자존감'이 완전하게 회복되진 않는다.

이럴 때 우리가 할 일은 과거의 감정과 '잘' 이별하는 것이다. 그러기 위해서는 용기가 필요하다. 내가 과거의 사랑에서 상처받았다는 걸 인정해야만 비로소 회복이 시작되기 때문이다. 그

러다가 새로운 인연이 찾아오면 내가 그 사람을 정말 좋아하는
지, 그 사람이 나의 반려자라면 어떨지 진지하게 고민해 봐야
한다.

다음 사랑을 만나기 전에 우리는 먼저 현재 나의 삶과 심경
을 돌아보고 정리할 시간을 가져야 한다.

인생의 아름다운 사건, 아름다운 미래는 언제나 예상하지 못
한 순간에 불쑥 고개를 내민다. 우리에게는 시간이 필요하다.
나를 이해하고 알아갈 시간이다. 그 시간이 있어야만 훗날 서툴
렀지만 반짝이던 과거의 청춘을 아름답게 회고할 수 있다.

혼자만의 우주에서
둘만의 우주 궤도로 진입

●

남녀가 서로에게 관심을 갖고 '탐색하는 시간'을 지나 서로를
좋아하고 사랑하게 되는 과정에서는 엄청난 변화가 일어난다.
혼자만의 우주에서 두 사람의 우주로 들어가는 과정이기 때문
이다. 물론 이 과정에는 생각보다 훨씬 더 많은 시험과 어려움

아 있다.

　세상에는 혼자서도 충분히 행복하게 살아가는 사람도 많다. 육체적인 관계가 곧 사랑이라고 정의하는 사람도 있다. 홀로 살아가는 삶이 힘겨워 평생의 반려자를 찾아 결혼으로 매듭짓는 사람도 있다. 그러나 그중에서도 가장 이상적인 관계는 '독립적이고 성숙한 두 명의 개체가 각자 행복한 삶을 누리다가 서로를 만난 뒤 함께 하는 삶의 행복과 기쁨을 발견하게 되는 것'이다. 이렇듯 행복이란 단순히 외부 환경의 변화로 일어나는 감정이 아니라 우리가 누려야 할 인생의 궁극적인 목표이자 본질이 아닐까?

퍼주기만 하는
사랑의 함정

사랑을 할 때 두 사람의 관계는 평등해야 한다. 만약 한 사람이 일방적으로 불평등한 대우를 계속 받으면 시간이 지날수록 균형이 깨지기 때문에 언젠가는 억압되어 있던 감정이 굉음을 내며 폭발해 버린다. 함께하는 관계에서 꼭 필요한 것 가운데 하나가 인내심이다. 그러나 사람의 인내심에는 한계가 있기 마련이다. 마냥 참아내고 받아주는 것이 지혜롭고 위대하다는 건 큰 착각이다.

누군가는 '호의가 계속되면 권리인 줄 안다'는 영화 속 명대사를 들먹이면서 참기만 하면 상대가 그걸 당연하게 여긴다며 사사건건 화를 내고, 작은 것에도 이런저런 트집을 잡는다. 그러다가 결국 관계에 금이 간다. 그렇다고 늘 참기만 할 수는 없는 노릇이다. 상대가 나의 '호의'를 알아차리도록 하는 것도 때로는 정말 필요하다. 그렇지 않으면 나의 인내와 호의가 무용지물이 되어버리고 결국 사랑도 사라지기 때문이다. 그런 점에서 생각해 보면 사랑이라는 건 그렇게 '문자' 그대로 적용할 수 있는 단순한 관계가 아니다.

사랑의 감정이 시작되었다면 먼저 상대를 잘 관찰해야 한다. 이로써 나 자신을 먼저 보호하고 서로가 잘 어울리는 사람인지 아닌지를 판단해야 한다. 그런데 우리는 보통 '인내'를 엉뚱하게 사용한다. 상대가 나를 무시하고 존중하지 않을 때, 나를 얕보고 홀대할 때 사용하는 것이다. 하지만 '관용'이라는 건 그런 식으로 낭비해서는 안 된다. 다른 사람의 감정이 소중하듯 내 감정도 소중하다. 내 감정과 마음도 당연히 존중받고 인정받아야 한다.

제아무리 '하늘이 짝지어 준 인연'이라 할지라도 진심을 다하지 않으면 소용이 없다. 맹목적으로 한쪽에게만 완벽함을 요구하거나, 그런 상대를 참아주기만 한다면 그건 허상에 불과한 관계다. 겉으로는 조화로워 보여도 속사정은 그렇지 않은 것이다.

끈질기게 자신의 요구에 맞춰 완벽해지길 바라는 상대를 무한정 참아내고 인내하는 관계가 하나의 '패턴'으로 굳어져서는 안 된다. 오랫동안 이러한 관계가 지속되면 '선량함'은 바닥을 치고 만다. 꾹꾹 눌러둔 마음이 화산처럼 맹렬하게 폭발해 사방을 불태우고 말 것이다. 하지만 거기서 손해 보는 건 결국 나 자신이다. 사람들은 그런 나에게 '유약하고 소심한 성격'이라는 낙인을 찍을 것이며, 그 꼬리표는 평생 나를 괴롭게 할 것이다.

그러므로 정신을 차리고 적당한 때에 반격하는 법도 터득해야 한다.

'참을성 없는 사람'이라는 죄명을 뒤집어쓰는 게 무서워서 사람들의 평판에 하나하나 신경 쓰다 보면 평생 '억울하게 참아주는' 불평등의 굴레에서 벗어나지 못한다. 억울한 누명을 쓰고 죽은 사람의 묘비에 떡하니 죄명을 써놓아 영원히 고통받는 것처럼 말이다.

그러므로 진정한 '인내'란 무엇인가에 관해 끊임없는 고찰이 필요하다. 언제나 친절을 베푸는데도 지속적인 조롱과 비난, 무시를 받는다면 태도를 점검해 볼 필요가 있다. '고생 끝에 낙이 온다'는 말은 이럴 때 쓰는 말이 아니다.

사랑은 두 사람이 함께
성취해 나가는 것

●●

사랑했던 사람을 죽도록 미워하고 원망해 본 사람은 자신의 한계가 어디인지, 그리고 어떻게 자신을 돌봐줘야 하는지 잘 안다. 정말 '지혜로운 사랑'이란 관계에 근본적인 문제가 발생했을 때 현실을 직시하고 마침표를 찍는 것이다. 물론 괴로울 수 있다. 하지만 버텨야만 한다. 내가 내린 결정을 후회할 필요는 없다. 고통을 받아들이고 그 과정에서 내가 마음껏 성장할 수 있도록 다독여야 한다. 떠나간 인연의 안녕을 빌어주고 각자의 삶 속에서 더 단단해지기를 바라면 된다.

억지로 붙드는 사랑의 감정은 몸과 마음을 지치게 한다.
겉으로만 행복해 보이는 가짜 사랑은 진정한 기쁨을 주지 못한다.

한차례 진한 아픔이 지나가면 그 사람을 마음에서 완전히 놓아주는 것이 진짜 나를 '살게 하는' 길이라는 걸 깨닫는다. 그러고는 스스로 다짐한다. 나는 충분히 사랑받을 가치가 있는 사람이므로 다시 누군가를 만난다면 같은 실수를 반복하지 않을 거라고 말이다.

함께 할 수 없는 인연이라면 놓아주는 것이 옳다. 그것이 서로에게 가장 좋은, 유일한 방법이다. '다시 마음이 돌아서진 않을까, 우리가 다시 시작하게 되진 않을까' 하는 헛된 미련을 갖지 말자. 그런 여지는 끝난 인연이 아닌 나 자신, 나의 성장에 남겨두는 편이 옳다. 미래는 두 사람이 함께 그려나가는 것이다. 서로가 함께하기로 한 이상, 그것은 한 사람만의 미래가 아니다. 그러므로 늘 두 사람에게 가장 좋은 선택을 할 수 있어야 한다. 일방적으로 희생하고 노력하는 건 사랑이 아니다.

나는 평등한 사랑을
할 자격이 있다

●●

누군가를 열정적으로 사랑하는 건 참 아름다운 일이다. 사랑을 하고 또 사랑을 받아본 사람은 그 관계를 어떻게 운영해야 하는지, 그리고 언제 어떻게 놓아주어야 하는지도 잘 안다. 사랑했던 사람이 나를 떠났다고 슬픔에 가득 차서 과거에만 갇혀 지낼 필요는 없다.

어른이 된 나는 이제 '억울한 사랑'으로는 결코 '완벽한 사랑'을 이룰 수 없다는 걸 안다. 내 가치를 깎아내리는 사람에게는 사랑이 아닌 미움과 혐오밖에 남지 않는다는 것도 안다.

그러니 나와 어울리지 않는 사람은 그의 길을 가도록 놓아주자. 나도 내 길을 걸어가면 된다.

내 가치를 알아봐 주지 않는 사람에게는 냉정해도 된다. 새로운 인연이 찾아온다면 내 마음을 내줄만한 사람인지, 서로 자유롭고 건강한 미래를 만들어 갈 수 있는지 깊이 생각해 보자. '이상적인 사랑'의 관계 속에서는 두 사람이 같이 성장한다. 각자의 속도로 걸어가면서도 상대의 걸음에 보폭을 맞춰준다. 굳이 말하지 않아도 자연스럽게 눈빛을 주고받으며 아름다운 하모니를 낸다. 존엄을 잃어버린 채 황망하고 쓸쓸한 독무를 추게 하는 건 건강한 사랑이 아니다.

여행,
사랑의 시험대

연애가 어느 정도 '안정기'에 들어서면 슬슬 그 사람과 함께 여행을 가보고 싶다는 생각이 든다. 여행을 통해 함께 시간을 보내면서 상대를 더 깊이 알아가고 싶다는 마음에서다. 사실 여행은 연인들에게는 일종의 '테스트'와도 같다. 이쯤에서 관계를 끝낼지, 아니면 더 오랜 시간을 함께할지를 여행을 통해 결정할 수 있기 때문이다. 연인과 처음으로 함께하는 여행은 설렘 반, 걱정 반이지만 그래도 한 번쯤은 다녀와 봐야 그 사람의 진면목을 알 수 있다는 게 개인적인 생각이다.

몇 해 전 헤어진 R은 참 좋은 친구였다. 함께 하면 마음이 편안했다. 우리는 맛있는 것도 많이 먹으러 다녔고, 인생에 대한 서로의 가치관과 생각도 많이 나누었다. 각자가 꿈꾸는 결혼 생활에 관해서도 많은 대화를 나누었다. 그렇지만 함께했던 첫 해외여행이 그 친구에 관한 마지막 추억이 되었다.

여행을 계획하면서 우리는 서로가 할 일을 나누었다. 나는 환전과 비행기 티켓 예약을, 그 친구는 숙소와 현지 식당을 알아보고 예약하기로 했다. 그런데 준비 과정에서 R은 자꾸만 이런저런 불만을 터뜨렸다. 예를 들면 이런 식이었다. 나는 미리 환전을 해야 한다고 했지만, 그녀는 뭐 하러 번거롭게 환전을 하느냐고, 신용카드를 쓰면 된다고 했다. 나는 예산도 아낄 겸 게스트하우스를 가자고 했지만, 그녀는 꼭 5성급 호텔에 묵어야 한다고 했다. 심지어 내가 본인보다 영어를 잘하니까 차라리 모든 준비를 내가 도맡아 하는 게 어떻겠느냐고 했다. 결국 그렇게 우리의 첫 여행 계획은 온전히 내 몫이 되었다.

연인과의 여행은 진정한 모험이다

●○

여행 계획을 짜는데 그녀는 계속 뭔가 마음에 들지 않는 구석이 있는 모양이었다. 하지만 상의해야 할 게 산더미였으므로 나는 그녀에게 최대한 협조를 부탁했다. 먼저 현지 문화에 대한 이해도 필요했고, 일정을 어떻게 짤 것인지도 얘기해야 했다. 예산을 어떻게 편성하고 사용할지 등에 관한 논의도 필요했다. 간단한 것 같아도 신경 쓸 게 한둘이 아니었다. 심지어 그녀의 컨디션과 기분, 기호까지도 고려해야만 했다.

여행은 '사랑의 민낯'을 여실히 보여주는 시험대다.
여행을 통해 한층 가까워질지, 아니면 멀어질지는
서로 그 여행에 얼마나 '정성'을 쏟는지에 달렸다.

여행을 할 때는 상대의 태도도 중요하지만, 뭐니 뭐니 해도 가장 중요한 건 서로의 가치관이다. 여행을 다녀와서 헤어지는 연인이 많은 이유는 그동안 내가 상상했던 그 사람의 모습과 실제 모습 사이에 차이가 너무 크기 때문이며, 그것이 주는 허탈

감과 심리적 타격을 쉽게 극복하지 못하기 때문이다. 여행을 하면서 며칠 함께 지내다 보면 그동안 가려져 있었던, 보이지 않았던 현실적인 문제들이 보이기 시작한다.

여행에 대한 서로의 시각
조율하기

여행을 통해 연인에 대한 사랑이 더 커지고 관계가 깊어진다면 그것만큼 행복한 여행은 없다. 그 과정을 통해 두 사람은 서로에 대한 감정의 기초를 더 단단하게 다질 수 있다. 다정한 말한마디, 나를 배려하는 작은 행동, 심지어 사물을 바라보는 시각 등 조금만 주의를 기울여 관찰하면 많은 걸 발견할 수 있는데, 사실 그건 꼼꼼한 '사전 작업'이 있었기 때문이다. 조금 더 의미 있는 여행을 하고 싶다면 떠나기 전에 몇 가지 준비를 하는 것이 좋다.

먼저 사전에 여행에 대해 많은 이야기를 나눠야 한다. 이 여행을 통해 무엇을 기대하는지, 여행의 핵심은 무엇인지, 나는 어떤 여행을 좋아하고 상대는 무엇을 좋아하는지에 관해 충분한 대화를 나눠야 한다. 둘째, 여행을 계획할 때 두 사람 모두 열의를 품고 적극적으로 동참하는 것이 좋다. 심지어 각각의 일정마다 예산은 어떻게 편성하면 좋을지 꼼꼼하게 계획을 세워야 한다. 셋째, 이 여행에는 내 시간만 들이는 것이 아님을 명심해야 한다. 상대도 똑같이 소중한 시간을 할애한다. 소위 '도장 깨기' 식으로 SNS에서 '핫한' 여행지만 찾아 정신없이 돌아다니면서 인증샷 남기기에만 여념이 없다면 함께 하는 상대는 기분이 언짢을 수 있다. 그 사람과 함께 소중한 시간을 보낸다는 것에 더 큰 의미를 두어야 한다. 마지막으로 나와 함께 아름다운 추억을 만들기 위해 여행에 동행해 준 상대에게 감사한 마음을 가지고 기회가 될 때마다 그 마음을 표현하는 것이 좋다. 나와 잘 맞지 않는 여행 파트너라면 앞으로 만남을 계속해도 될지 말지를 신중하게 고려하는 것이 좋다.

끝으로 상대가 나에게 최고의 여행 파트너이기를 바라기 전에 내가 먼저 그 사람에게 최고의 여행 파트너가 되기 위해 노력하는 자세가 필요하다.

여행은 연인들에게는 일종의 '테스트'와도 같다.
이쯤에서 관계를 끝낼지, 아니면 더 오랜 시간을 함께할지를
여행을 통해 결정할수 있기 때문이다.
연인과 처음으로 함께하는 여행은 설렘 반,걱정 반이지만
그래도 한 번쯤은 다녀와 봐야 그 사람의 진면목을 알 수 있다.

일과 사랑에는
선택만 있을 뿐

　사람들은 일과 사랑, 두 마리 토끼를 다 잡을 수 있다고 생각하지만, 사실 현실적으로는 어려움이 많다. 커리어가 최전성기에 달해 업무적으로 승승장구할 때면 언제나 가족 혹은 연인과의 관계에 균열이 생기기 시작한다. 문제의 근원은 우리가 그 둘 사이에서 완벽하게 균형을 잡을 수 있다고 착각하기 때문이다.

　친한 친구 L에게는 6년 동안 교제한 남자 친구가 있었다. 슬슬 결혼 얘기가 오갈 때쯤 그녀는 장기 출장이 잦아졌고, 주말마다 야근이 늘어났다. 이로 인해 둘 사이에 다툼이 많아졌다.

고심 끝에 그녀는 회사에 사직서를 제출했지만, 그 사실을 몰랐던 남자는 결국 기다림 끝에 이별을 통보했다. 일과 사랑을 동시에 돌보지 못했던 그녀는 둘 모두를 잃고 큰 상심에 빠졌다.

일도 사랑도 잃고 싶지 않다

직장에서의 생활만으로도 녹록지 않은데 일과 삶, 그 사이에서 어떻게 밸런스를 유지해야 하는지에 관한 문제는 항상 큰 숙제로 다가온다. 사랑하는 가족이나 연인을 잘 돌봐주고 지켜주고 싶은 생각은 있지만, 그러려면 현실적으로 금전적인 여유가 필요하다. 삶의 질은 두 사람의 수입에 따라 달라지며 재력은 두 사람의 경제관을 시험하는 계기가 된다. 이건 부인할 수 없는 사실이다.

그런데 일에 열심인 우리는 사랑도 잃고 싶지 않다. 하지만 인생에서 갖고 싶은 것들은 자로 잰 듯 정확히 균형을 맞출 수 없다. 만일 내가 먼저 나서서 집중과 선택을 하지 않는다면 현실은 그마저도 모두 빼앗아 빈손으로 만들어 버린다. 선택을 미루는 사이 현실은 벌컥 문을 열고 찾아와 지금 당장 결정해야 한다고 채근한다.

연인 간에도
'의무적인 의식'이 필요하다

일에 몰두하면 할수록 사랑하는 사람에게는 소홀해질 수밖에 없다. 하지만 이건 우리가 궁극적으로 추구하는 삶의 본질이 아니다. 이 문제를 해결하려면 사랑하는 사람과 일종의 '의식'을 만들어 의무적으로라도 서로를 위해 시간을 쓰는 연습을 해야 한다. 매주 금요일 퇴근 후에는 무조건 데이트를 한다거나 매주 주말엔 꼭 영화를 보러 간다거나 하는 등의 '의식'으로 서로에 대한 감정이 식지 않도록 노력해야 한다. 결혼한 경우, 상대가 이미 '잡은 물고기'가 되었다고 그대로 '방치'하는 것은 정말 무책임한 행동이다. 어떤 이유로든 핑계가 될 수 없다.

일이 삶을 압도하지 않게 하라.
우리에겐 일상의 소소한 행복을 느낄 여유가 필요하다.

좀 더 오랫동안 사랑의 감정을 이어가고 싶다면 그 사람과 함께 하는 시간에는 잠시 휴대전화 알림을 진동으로 하거나 전원을 꺼두어도 좋다. 이건 비단 나에게 쉴 수 있는 시간을 줄 뿐 아니라 상대에게 '전심'으로 집중할 수 있도록 도와준다. 서로의 시간을 좀 더 '밀도 있게' 사용할수록 아름다운 추억을 많이 남길 수 있다. 추억이야말로 고귀한 사랑의 산물이다. 일이 끝난 뒤의 여가 시간을 똑똑하게 사용하자. 나 자신을 들여다볼 여유를 갖고 사랑하는 사람과 시간을 공유하는 법을 배우자. 사랑처럼 솔직한 것도 없다. 일방적인 희생은 사람을 금방 지치게 한다. 내가 노력하는 만큼 관계도 풍성해진다. 관계는 두 사람이 함께 만드는 것이다.

지금은 내가 하는 일이 나의 평생을 책임져 줄 것 같지만 그건 장담할 수 없다. 모든 건 나의 선택에 달렸으니까. 일과 사랑 사이에서 균형을 잃는 이유는 대부분 일이 주는 성취감에 젖어 평범한 일상이 주는 행복을 망각하기 때문이다. 중요하게 생각하는 일은 노력해서 쟁취해야 한다. 사라진 뒤에 후회해 봤자 이미 늦었다.

어른이 된 이상, 우리가 원하는 일 혹은 삶에서 뭐 하나 잃어버리진 않을까 전전긍긍하며 끌려가는 인생을 살아서는 안 된다. 일단 그런 두려움이 생긴다는 건 내 가치를 부정하는 것과 같다. 나는 존중받고 사랑받을 가치가 있는 사람이라는 사실을 믿어야 한다.

우리는 모두 누군가에게 필요하고 또 누군가를 필요로 하는 사람들이다. 그러니 내가 사랑하는 사람을 아껴주고 그 사람도 나를 소중히 여길 줄 알아야 한다.

인생은 짧고 중요한 일은 많다. 그중에서도 가장 중요하고 큰 행복은 누군가를 사랑하고 또 누군가에게 사랑받는 일이 아닐까.

나 자신을 들여다볼 여유를 갖고
사랑하는 사람과 시간을 공유하는 법을 배우자.

사랑처럼 솔직한 것도 없다.
일방적인 희생은 사람을 금방 지치게 한다.
내가 노력하는 만큼 관계도 풍성해진다.

관계는 두 사람이 '함께' 만드는 것이다.

세상 가장 멋진 이별

연애 상대는 모두 다른데 왜 항상 비슷한 이유로 헤어지는 걸까? 사랑의 모습은 천차만별이지만 꽃을 피우지 못하고 끝내 저버린 사랑은 결국 같은 맥락으로 끝을 맺는 듯하다.

나의 숨통을 옥죄는 사람

오랫동안 싱글로 지내던 친구 D가 드디어 마음에 맞는 사람을 만났다며, 이번에는 꼭 잘 되었으면 한다는 바람을 갖고 두 사람의 미래를 잘 설계해 보겠다고 했다. 하지만 아무래도 마음이 불안했던 그는 유명하다는 타로 점집을 찾아가 점을 보았다. 상담사는 그가 고른 카드를 보며 한숨을 쉬었다.

"스물여덟이 되기 전까지는 연애를 많이 했었네요."

그는 상담사가 자신을 바람둥이로 오해한다고 생각했다. 하지만 곰곰이 생각해 보니 '그럼 스물여덟 이후에 진짜 사랑을 만나게 된다는 뜻인가?'라는 생각이 들었다. 하지만 이어진 상담사의 말은 다소 충격적이었다.

"스물여덟 후에는 사랑 때문에 정신과 상담을 받게 될지도 몰라요."

사실 그는 연애할 때마다 상대를 '완벽한' 결혼 상대라고 생각했다. 매번 데이트 약속을 타이트하게 잡아서 2주가 채 되기도 전에 열 번을 넘게 만났다. 상대는 그런 그에게 점점 지쳐갔다. 서프라이즈 이벤트라며 혼자 몰래 여행 계획을 잡아 호텔과 비행기 티켓을 모조리 예약해 놓고는 흥분에 가득 찬 얼굴로 알려준 일도 있었다. 하지만 상대는 그런 그에게 질려버렸다.

매번 헤어지는 이유는 비슷했다. 싱글은 그에게 일종의 '저주'와도 같은 삶이었다. 그러나 그 누구도 그의 '연애 체질'을 바꾸진 못했다.

한 사람을 사랑하게 되면 감정은 천천히, 조금씩 짙어진다. 그래야 자연스럽게 물 흐르듯 흘러가는 연애를 할 수 있다. 연애를 시작했다면 절대 조급하면 안 된다. 그 조급함이 오히려 두 사람의 앞날을 망치는 걸림돌이 된다.

친밀한 관계일수록
지켜야 할 '선'이 있다

●○

관계가 더 깊어질 수 있는 상대를 만났다면 처음부터 그에게 100점 만점을 주는 것보다 60점부터 시작해 점점 점수를 올리는 편이 낫다. 중간에 다툼과 마찰이 생기면 상대가 그 위기를 어떻게 처리하는지, 문제를 대하는 태도는 성숙한지 등을 근거로 '점수'를 매길 수 있다.

어느 정도 함께 시간을 보낸 뒤에 상대의 성격이나 기질이 첫인상보다 못하거나, 나와는 잘 어울리지 않는다는 걸 깨달았다면 마음의 준비를 하는 것이 좋다. 그래야만 순간의 좋았던 감정으로 잘못된 판단을 내리는 걸 피할 수 있다. 비이성적인 사랑이야말로 삶의 근간을 무너뜨리는 원흉이다. 아무리 친밀한 관계에서도 '정도'를 지켜야 한다. 나만의 공간, 나만의 시간을 마련해서 연애를 하면서도 스스로 성장할 계기를 마련해 주는 것이 중요하다.

숨을 쉴 퇴로를 만드는 사랑

연애를 시작하고 일단 상대가 내가 상상했던 것만큼 '좋은 사람'이 아니었다는 걸 깨달았거나 더는 함께할 수 없는 사이라는 생각이 들었다면 과감하게 '브레이크'를 밟아야 한다. 진심이 통하지 않는데도 계속 만남을 유지하는 이유는 '아쉬워서'인 경우가 많다. 그렇지만 상대가 나를 그렇게 좋아하지 않는다는 걸 느꼈거나 내가 그 사람을 그다지 마음에 두지 않았다면 마무리를 짓는 것이 낫다. 서로에게 진심이 아닌 두 사람의 미래를 어떻게 아름답게 그릴 수 있겠는가?

상대를 그다지 축복하고 싶은 마음이 없다면 굳이 억지로 할

사랑하라, 한 번도 상처받지 않은 것처럼

69

필요는 없다. 최고의 결말은 헤어진 뒤에 나도, 그 사람도 각자의 삶에서 지금보다 더 행복하게 잘 사는 것이다. 내 인생을 행복하게 하려면 나와 잘 맞지 않는 관계를 제때 정리할 줄 알아야 한다.

아일랜드 출신 극작가 오스카 와일드가 했던 말처럼 "자신을 사랑하는 것이야말로 영원한 로맨스의 시작"이다.

지속할 수 없는 인연이라면 더는 미루지 말자. 피차 시간 낭비할 필요 없이 관계를 정리해야 한다. 사실 이별도 이직과 똑같다. 가장 좋은 시기, 완벽한 '환경'이란 애당초 존재하지 않는다. 내 삶에 필요하지 않은 것을 분명히 알고 정리하는 과정을 통해 내게 가장 필요한 것이 무엇인지 고심해야 한다. 상처받은 나를 치유할 수 있도록 심호흡을 한 번 해보자. 무너진 그 사람이 일어서도록 그만의 쉼터를 마련해 주자. 그렇게 각자에게 '퇴로'를 만들어주도록 하자.

한 사람을 사랑하게 되면 감정은 천천히, 조금씩 짙어진다.
그래야 자연스럽게 물 흐르듯 흘러가는 연애를 할 수 있다.

연애를 시작했다면 절대 조급하면 안 된다.
그 조급함이 오히려 두 사람의 앞날을 망치는 걸림돌이 된다.

후회의 감옥에서
벗어나기

　모든 사랑과 연애는 지우기 힘든 기억을 하나쯤은 남긴다. 사랑했던 사람이 미운 사람이 되어버리고, 즐겁고 행복했던 기억이 아픔과 눈물, 아쉬움과 그리움이 되는 과정을 통해 우리는 모두 성장한다. 그 과정을 잘 통과하면 나와 주변 사람을 조금 더 돌볼 줄 아는 '괜찮은 나'로 살아갈 수 있다.

　지난 11년 동안 내가 주저앉지 않고 앞으로 걸어올 수 있었던 이유는 끊임없이 나를 격려해 주던 주변의 소리가 있었기 때문이다. 특히 유독 잠이 오지 않던 많은 밤, 차이젠야의 노래가 친구이자 등불이 되었다.

현재를 버티는 용기가 되는
그리움

열렬했던 사랑에 마침표를 찍은 뒤에는 내 감정에 온전히 귀기울이는 시간이 필요하다. 슬픔을 애써 외면할 필요는 없다. 아픈 감정을 잘 들여다보는 것도 중요하다. 시간이 흐르면 상처에 새살이 돋아난다. 그때가 되면 상처에 대한 기억조차 희미해질지도 모른다. 대신 사랑에 관한 단순하지만 어려운 바람, 가령 '적어도 사랑하는 사람끼리는 서로를 깊이 신뢰해야 한다'는 깨달음 하나 정도는 남는다.

서른을 넘기고 보니 어떤 상처는 이따금 삶을 갉아먹기도 하지만, 어떤 그리움은 현재를 버티는 힘을 주기도 한다는 걸 깨닫는다. 어떤 후회는 나와는 인연이 아닌 사람을 기꺼이 놓아주는 용기를 주기도 한다. 이따금 완벽하진 않아도 충만한 인생을 살아가고 있다는 생각이 든다.

지금의 이런 편안함을 누릴 수 있는 건 내가 그 사람을 용서해서가 아니라 더는 나 자신을 과거의 기억에 옥죄지 않기로 결정했기 때문이리라. 두 사람의 마음이 하나로 모여야 사랑이 되듯, 이별 또한 두 사람의 뜻이 합쳐진 것이다. 누구 한 사람만의 잘못이 아니다.

내가 꿈꾸는 관계
나와 어울리는 관계

과거를 정리하려면 그 사람과 함께 찍었던 사진, 내게 건넸던 달콤한 사랑의 고백 따위를 정리해야 한다. 그러나 가장 중요한 건 이별 후에 나 자신을 돌아보고 점검하는 것이다. 내가 부족했던 건 무엇이었는지, 혹시 너무 부정적인 감정에 휩싸여 있진 않은지 돌아보는 시간이 필요하다.

그러기 위해서는 먼저 나의 과오를 인정해야 한다. 그래야만 변해버린 관계 속에서 빠져나올 수 있다. 나아가 내가 '꿈꾸는' 관계와 나와 '어울리는' 관계 사이의 차이를 인식해야 한다. 그래야 끝나버린 관계 속에서 저질렀던 실수를 되풀이하지 않을 수 있다. 탐스러운 과실을 맺으려면 과거의 문제가 앞으로 다가올 사랑에 복병이 되지 않도록 해야 한다.

인생의 순례길에
떨어진 감정을 마주하라

여전히 과거의 기억에서 허덕이고 있으면 그다음 연인을 맞이할 수 없다. 나아가 나 자신에게도 자유를 주지 못한다. 새로운 시작을 위해서는 바닥을 짚고 일어나야 한다.

나에게 꼭 맞는 옷처럼 완벽하게 잘 어울리는 인연을 찾는 건 쉬운 일이 아니다. 하지만 나는 그저 과거를 지나 현재를, 그리고 미래를 살아내야 한다. 그러다 보면 문득 깨닫는 사실이 하나 있다. '나와 발걸음을 맞춰 걸어주는 따뜻한 사람들이 꽤 많다'는 것이다. 그러나 인생의 끝까지 나와 함께 걸어주는 사람은 결국 나 자신밖에 없다.

마음을 정리하면 용기가 생긴다.
사랑을 신뢰하라. 계속해서 신뢰하라.

길고도 외로웠던 수많은 밤, 잔잔한 멜로디와 가사로 내 마음을 만져주었던 차이젠야에게 감사의 인사를 전한다. 지난

11년 동안 걸어온 내 인생의 '순례길'을 돌아보는 동안 그녀의 노래가 항상 함께했다. 그 길목의 수많은 언저리, 한복판에 떨어져 있던 기쁨과 슬픔, 좌절의 감정들을 마주할 때마다 위로와 용기를 주었던 그 가사를 다시 조용히 읊조려본다.

서른을 넘기고 보니 어떤 상처는 이따금 삶을 갉아먹기도 하지만,
또 어떤 그리움은 현재를 버티는 힘을 주기도 한다는 걸 깨닫는다.

어떤 후회는 나와는 인연이 아닌 사람을
기꺼이 놓아주는 용기를 주기도 한다.
이따금 완벽하진 않아도
충만한 인생을 살아가고 있다는 생각이 든다.

Part 2

좋은 친구,
괜찮은 우정

'친하게 지낼 가치'가 충만한 사람과의 우정

　인생의 순간순간, 중요한 단계마다 주변에 있는 친구, 사람들이 조금씩 바뀐다. 나도 누군가에게 예외는 아니어서 어떤 순간에는 그들의 친구지만, 또 어떤 순간에는 그렇지 않을 때도 있다. 하지만 이것은 우리 삶에 반드시 필요한 과정이다. 불필요한 관계에 시간을 낭비하기엔 남은 인생이 너무 아깝다. 남을 잘 배려하지 않고 못된 말로 자꾸만 타인의 마음에 깊은 상처를 남기는 사람과는 과감히 '거리 두기'를 하자. 앞에서는 웃는 얼굴을 하다가도 돌아서는 순간, 갖은 험담을 일삼는 위선자들에게는 마음을 내어줄 필요도, 친절을 베풀 이유도 없다.

인생은 유한하며 예측할 수 없다. 오랫동안 '절친'으로 지냈던 친구보다 회사 복도에서 가벼운 목례 정도만 나누던 동료가 내 인생의 중요한 순간에 더 큰 도움을 줄지도 모른다. 그래서 대인 관계 역시 적절한 선택과 분류가 필요하다. 시야를 넓혀 조금 더 긍정적이고 영향력 있는 사람을 사귀어야 한다. 그렇다고 오랜 친구를 버리고 무조건 소위 '잘 나가는' 사람만 사귀라는 말이 아니다.

한 친구의 생일 축하를 위한 모임에서 있었던 일이다. 친구의 지인 중 한 명이 곧 변호사 친구가 온다는 얘기를 듣고는 일부러 자리를 바꿔 앉았다. 그는 누가 봐도 티가 나게 변호사 친구 옆에 딱 붙어 앉아서 일하는 곳은 어디인지, 경력은 어느 정도인지, 집안 배경은 어떤지 등을 꼬치꼬치 캐물었다. 옆에 있던 사람들이 민망함에 얼굴이 화끈거릴 정도였다. 알고 보니 그는 소송을 준비하고 있었는데 이 기회에 변호사 친구를 통해 '지인 할인'을 받으려는 속셈이었다. 변호사 친구의 난감해하던 얼굴이 아직도 생생하게 떠오른다.

관계는 실질적인 교류를 통해 깊어진다.

진실하고 의미 있는 대화는 상대를 편안하게 만들어주며,

그런 대화를 나누는 사람과는 아무리 오래 있어도 질리지 않는다.

유쾌한 사람이 되려면 사람들이 재미있어할 만한 주제로 대화를 나누며 서로 다른 관점을 공유해야 한다. 오랫동안 친밀한 관계를 유지하려면 서로의 단점을 서로의 장점으로 채워주는 긍정적인 상호작용이 있어야 한다. 너무 가깝지도, 너무 멀지도 않게 적정선을 유지하면서 사적인 '공간'을 마련해 주는 것도 매우 중요하다.

내가 다른 사람에게 어떤 가치가 있는지, 내 포지션은 어디인지를 정확히 알아야 더 의미 있는 관계를 이어 나갈 수 있다. 친밀한 관계는 상대를 인정하고 존중하며 배려해 줘야만 형성된다. 사람들에게 '친하게 지낼 가치'가 있는 사람이 되어보자.

지나친 만남은 재앙에 가깝다

●○

어릴 때는 미국 로맨틱 코미디 드라마 <섹스 앤 더 시티>를 볼 때마다 이런 생각을 했다. '나도 나중에 직장에 들어가면 저 주인공들처럼 주말마다 마음 맞는 친구들과 브런치를 먹고 여유롭게 샴페인 한 잔씩 마시며 수다를 떨 수 있겠지?' 하지만 직장에 들어오고서 깨달았다. 그건 아름다운 우정이라기보다는 거의 재앙에 가까운 관계라는 걸 말이다.

지나치게 잦은 만남은 오히려 관계를 멀어지게 한다. 심지어 서로의 근황을 알고 싶은 마음마저 사라지게 한다. 채 여물지 않은 과실은 떫은 맛을 내고, 너무 익은 과실은 벌레만 꼬일 뿐이다. 프라이버시 따위 없는 '선 넘은' 관계에는 필경 불협화음이 생긴다. 친구든 가족이든, 모든 관계에는 적절한 거리 유지가 필요하다. 평생을 함께할 오랜 우정을 유지하는 가장 좋은 방법은 적절한 거리를 두어 나 혼자만의 시간을 충분히 확보하는 것이다.

불편한 관계를 정리하는 용기

●●

건강한 우정은 나를 편안하고 자유롭게 한다. 전공지식이나 살아온 배경, 삶의 가치관 따위에 구애받지 않고, 있는 그대로의 나를 수용해 주는 사람이 진정한 우정을 나눌 수 있는 사람이다. 천천히 서로를 알아가며 가까워져야 하지만, 오해나 마찰이 생겼을 때는 그 즉시 문제를 해결하고 쌓인 감정을 풀어내는 것이 좋다.

아무리 일이 바쁘고 힘들어도 가끔 새로운 친구를 사귀어 보자. 오래 알고 지낸 친구도 물론 중요하지만 그들이 내 인생에서 너무 큰 비중을 차지하는 것은 결코 바람직하지 않다. 단순하면서도 편안하게, 친하지만 적당한 거리를 유지하는 것으로 충분하다.

여유가 있다고 해도 이 사람 저 사람을 만나느라 하루, 한 달 스케줄을 꽉 채우지 않도록 해야 한다. 또 아무리 친한 관계라고 해도 언제나 서로를 향한 배려와 예의가 있어야 한다. 함께 있을 때 자꾸만 나를 난감하게 하고 불편하게 하는 사람을 굳이 계속 만날 필요는 없다.

우리는 인생의 단계 단계마다 '관계'를 점검해 봐야 한다. 만일 너무 부담스럽거나 과하다고 느껴지는 관계가 있다면 과감하게 정리하자. 그리고 여유로워진 시간만큼 새로운 친구를 사귈 수 있음에 감사하자.

아무리 일이 바쁘고 힘들어도 가끔 새로운 친구를 사귀어 보자.
오래 알고 지낸 친구도 물론 중요하지만, 그들이 내 인생에서
너무 큰 비중을 차지하는 것은 결코 바람직하지 않다.

단순하면서도 편안하게,
친하지만 적당한 거리를 유지하는 것으로 충분하다.

친구가 떠나가고 남은 인생에 관하여

　없으면 죽고 못 살 것 같이 늘 붙어 다니던 친구가 있었다. 나는 그 친구에게 내 모든 것을 털어놓았다. 가끔 의견이 충돌할 때도 있었지만, 이내 서로를 용서하고 이해했다. 하지만 서로에 대한 작은 오해로 불거진 싸움 끝에 우리는 철천지원수가 되었고, 지금은 연락조차 되지 않는다. 그때를 떠올릴 때마다 이내 아쉬움과 애틋함 등의 여러 감정이 물밀듯 밀려온다. 한때는 평생지기를 약속했었지만, 지금은 소식조차 알 수 없는, 모르는 인연과 다를 바 없는 사이가 되었다.

　가깝게 지내는 친구 중에는 늘 분위기를 주도하는 분위기 메

이커가 한 명 있고, 침착하고 조용하며 가끔은 냉정하기도 한 친구가 한 명 있다. 둘은 각자의 개성으로 모임에서 빛을 발했다. 그런데 하루는 직업적인 커리어에 관해 서로 의견을 나누다가 감정이 조금 격해졌다. 둘은 좀처럼 자기 생각을 굽히지 않았고, 결국 친구들의 만류로 대화를 마무리했다. 하지만 그 이후로 둘이 동시에 모임에 나오는 일은 두 번 다시 볼 수 없었다. 아마도 그렇게 느닷없이 끝나버린 인연이 누구에게나 하나쯤은 있을 것이다.

관계에 거센 바람이 몰아칠 때

해가 바뀌고 나이가 들면서 곁에 있는 친구는 점점 줄어든다. 맞고 틀린 걸 떠나 친구를 가려내는 건 꼭 거쳐야 할 인생의 '필수 과목'처럼 느껴진다. 누군가를 알아가게 된다는 건 시간이 지나면서 얻게 되는 일종의 경험치와도 같다. 배신과 상처로 우리는 누군가를 떠나보내거나 또 누군가의 곁을 떠난다. 점점 이별에 익숙해지는 이유는 내 입장에 관한 해명 같은 노력에는 점점 게을러지는 대신 이별을 반복적으로 '연습'하기 때문이리라.

값진 우정을 이어가기 위해서는 노력해야 한다.
그러나 그것은 억지로 되는 것이 아니다.
관계는 언제나 물 흐르듯 자연스럽게 이어진다.

어릴 적 종종 친구들과 했던 의자 게임이 있었다. 인원수보다 의자 수를 하나 적게 배치한 뒤 노래에 맞춰 의자 주위를 뱅글뱅글 돌다가 노래가 멈추면 자리를 찾아서 재빨리 앉는 게임이었다. 미처 앉지 못한 사람은 탈락이었고, 게임이 거듭될수록 의자와 남은 사람의 수는 점점 줄어들었다. 생각해 보면 이 게임이 우리 인생과도 참 많이 닮은 것 같다. 어떤 인연은 실수로 잃기도 했지만, 또 어떤 인연은 내가 나서서 정리하기도 했다. 정해진 인생의 목표를 향해 나아가는 길에 다른 사람과의 마찰은 피할 수 없다.

인생의 길목마다 바뀌는 나의 신분과 지위, 외모에 따라 누군가에게 선택받기도 하고 버림을 받기도 한다.

노력으로도 안 되는 일, 우정

인생에 영원한 소유란 없다. 그저 '선택'과 '포기'만 존재할 뿐이다. 모든 나이마다 때에 어울리는 균형이 있다. 단계별로 삶의 중심축이 조금씩 움직여 어느 정도 불균형이 일어날 수는 있지만, 내가 진정으로 원하는 것이 무엇인지는 항상 염두에 두고 고민해야 한다.

끝난 우정은 평정심을 가지고 바라봐야 한다. 후회하고 슬퍼하거나 괴로워할 필요가 없다. 멀어진 우정을 통해 나는 타인을 이해하게 되었고 나 자신을 이해하게 되었다. 그리고 내 인생에 필요한 관계가 어떤 것인지 알게 되었다.

모든 관계의 시작과 끝에는 나름의 이유가 있다. 수많은 '선택'과 '포기'를 통해 우리는 무언가를 배운다. 지금 당장은 이해하지 못할지라도 시간이 지나면 깨닫게 되는 날이 온다.

내 상황을 악착같이 해명하고 상대의 마음이 변하지 않기를 간절히 원했던 적이 있었다. 부디 나는 누군가에게 '제거'의 대상이 되지 않기를 기도했던 적이 있었다. 그러나 세상에는 노력해도 안 되는 일이 참 많다는 걸 이제는 안다. 그 친구가 없다고,

그때와 같은 대화를 나눌 수 없게 되었다고 해서 방황할 필요는 없다. 기한이 지나 '철 지난 관계'를 물고 늘어진다고 딱히 변하는 건 없다. 그 우정에 더는 속박되지 않기로 결심한 이상, 기분 좋은 악수로 관계를 마무리 지어야 한다.

어떤 인연은 실수로 잃기도 했지만,
또 어떤 인연은 내가 나서서 정리하기도 했다.
정해진 인생의 목표를 향해 나아가는 길에
다른 사람과의 마찰은 피할 수 없다.

인생의 길목마다 바뀌는 나의 신분과 지위, 외모에 따라
누군가에게 선택받기도 하고 버림을 받기도 한다.

소소한 여행의 친구가 인생 여행의 파트너가 된다

인생의 크고 작은 일을 나와 함께해 주는 친구는 '좋은 친구' 임이 분명하다. 하지만 그중에서도 서로를 깊이 이해하고 나와 정말 잘 어울리는 '여행 파트너'는 매우 드물다. 두 존재에 대한 정의에는 분명한 차이가 있다. 지금도 머릿속에 여러 친구가 떠오르지만, 그들이 내 마음속에서 차지하는 무게는 각각 다르다.

'좋은 친구'는 진심으로 나를 위해 주고 어려운 상황 속에서도 기꺼이 도움을 준다. 그러나 '여행 파트너'는 꼭 마음을 나누는 친구가 아닐 수도 있다. 각자의 필요에 따라 희생하거나 양보하며 모든 상황에서 '공평함'을 전제로 움직인다. 같이 여행을 가더라도 경비는 꼭 공동으로 부담하고, 각자의 기호에 따라 일정을 조금씩 다르게 짜는 것처럼 말이다. 편안하게 여행을 즐기되 서로의 감정에 얽매이지 않고, 마음을 건드리지 않으면서 추억을 공유하는 사이라고 할 수 있다.

위기 상황에 신뢰의 두께는 더욱 두터워진다

같이 사는 부부나 오래된 연인이라도 여행을 하다 보면 싸우기 마련이다. 하물며 친구 사이에는 말할 것도 없다.

A가 회사 동료들과 함께 남아프리카 여행을 떠나던 날이었다. 그런데 공항에 도착한 뒤에야 여권을 집에 두고 왔다는 사실을 깨달았다. 동료들은 뜨악했다. 가까스로 비행시간에 맞춰 여권을 챙겨 부랴부랴 목적지에 도착했는데 이번에는 호텔이 말썽이었다. 그가 호텔 예약을 담당했는데 전산 시스템 오류로 예약이 안 되어 있었다는 걸 현지에 도착한 뒤에야 알게 되었다. 동료들은 불쾌함을 감추지 못했다. 다들 휴가를 망친 것 같

다는 생각에 화가 치밀었다.

　그러나 다행히도 A는 감성지수가 아주 높은 친구였다. "사실은 미치는 줄 알았어. 머릿속이 하얘졌지. 어디로든 도망치고 싶더라고." 그때의 상황을 떠올리며 A가 말했다. 하지만 그는 침착하게 대처했다. 감정적으로 대응했다가는 피차 관계만 나빠질 뿐이었다. 시간을 낭비해 봤자 소용없었다. 그는 당황하지 않고 성숙하게 돌발 상황에 유연하게 대처한 뒤 모두에게 진심으로 사과했다. 희한한 건 그 일이 있고 나서 동료들이 그를 더욱 신뢰하게 되었다는 것이다.

경비 이야기는 솔직할수록 좋다

　함께 여행을 떠나기로 했다면 파트너와 함께 사전에 점검해 보아야 할 것이 있다. 경비사용에 관한 각자의 생각이나 음식에 대한 선호도, 생활 습관 등이다. 보통 이런 사소한 문제들이 갈등의 도화선이 되는 경우가 많기 때문이다. 여행을 가기로 했다면 일정을 같이 짜는 것도 도움이 된다. 각자 방문하고 싶은 곳이 어디인지를 재차 확인하고, 이번 여행에 기대하는 바를 솔직히 얘기하는 것이 좋다. 그렇다고 해서 상대에게 내가 원하는 바를 강요하지 않도록 조심해야 한다. 출발 전에는 일정별 예산이나 그것들이 전체 여행에서 차지하는 비중 등을 다시 확인해야 한다. 출발하고 난 뒤에 서로 의견이 엇갈려 마찰이 발생하면 여행 내내 불쾌한 감정을 지닌 채 다녀야 하기 때문이다.

경비에 관해 노골적으로 이야기를 하면 감정이 상할 수 있지만, 이야기하지 않으면 더 큰 문제가 발생한다. 여행 경비는 많이 내든 적게 내든 서로 보이지 않는 무형의 스트레스를 받기 마련이므로 '더치페이'를 하는 것이 현명하다. 이는 감정도 상하지 않고 재정적으로도 손해 보지 않는 가장 좋은 방법이다. 불필요한 오해를 줄이려면 일정을 하나씩 소화해 낼 때마다 여행지에서 사용한 경비를 공유하거나 따로 '공금 봉투'를 마련해 사용하는 것이 효율적이다.

돌발상황 앞에서도
박장대소할 수 있는 여유로움

●●

여행을 하다 보면 항공편이 갑자기 취소된다거나 날씨가 좋지 않다거나 하는 등 예측하지 못했던 일이 반드시 생긴다. 이럴 때 만일 여행 파트너가 긍정적이고 유연하게 돌발 상황에 대처하면 여행은 더 다채롭고 재미있어진다. 그뿐 아니라 그런 사람이 곁에 있다는 건 인생의 어려움이 닥쳤을 때 함께 극복할 좋은 친구가 있다는 뜻이기도 하다. 그러니 한 번의 여행이 아닌 전체 삶의 각도에서 그 사람을 바라보고 대하는 것이 좋다.

몇 날 며칠을 가까이서 함께 하면 그 사람의 장점도 알 수 있지만 단점도 많이 보인다. 하루 이틀 여행이 더해질수록 파트너의 진면목이 하나씩 드러나기 시작한다. 이럴 때는 사소한 문제에도 서로 예민해질 수 있다. 그래서 여행에서 돌아오면 아무리 친한 친구일지라도 일상에서는 적당히 거리를 유지하는 것이 서로에게 훨씬 좋다는 걸 알게 된다.

가까운 사이일수록 공간을 확보하고 서로를 존중해야 한다.

긍정적인 마인드로 살아간다면 이 넓은 세상을 돌아보는 여정에
기꺼이 나와 동행해 줄 친구는 어디든 존재할 것이다.

동료이자 친구라는 위험한 '이중 신분'

친한 친구와 같은 회사에 들어가 함께 일할 수 있다면 어떤 기분일까? 언뜻 듣기에는 정말 좋은 일처럼 들린다. 같은 직장이니까 서로의 상황을 너무 잘 이해할 수 있고, 같은 날 월급이 나오니까 맛집을 예약해 퇴근 후 시간을 한결 여유롭게 즐길 수 있지 않을까?

S와 D가 바로 그런 친구들이었다. 둘은 같은 직장, 같은 부서에서 일하게 되었다며 너무 좋아했었다. 낮에는 어려운 고객들을 상대하고 퇴근 후에는 함께 술 한잔을 하거나 쇼핑을 하며 스트레스를 풀었다. 그런데 시간이 지나 S가 먼저 파트장으로

승진했다. 평소 대인 관계가 좋았던 S는 승진 후 동료들에게 많은 축하를 받았다.

하지만 D는 일이 잘 풀리지 않았다. 고객에게 자꾸만 컴플레인이 들어왔고 인사 고과 점수도 좋지 못했다. D는 실적이 부진해 상사에게 자주 혼이 났고, 엎친 데 덮친 격으로 5년 동안 교제했던 남자 친구와도 헤어졌다.

하는 일마다 꼬이는 D는 마음도 꼬여가기 시작했다. 어째서 똑같이 입사해서 똑같이 일하는데 S만 상사에게 인정을 받는지 도무지 알 수 없었다. 그래서 D는 하지 말아야 할 일을 하고 말았다.

D는 한 글로벌 고객에게 독일어로 욕설이 섞인 메일을 써서 S의 이름으로 전송했다. 해당 고객은 크게 화를 내며 기존에 체결했던 모든 거래를 취소했고, 굉장히 불쾌하다는 내용의 답장을 보냈다. 회사는 S에게 이 일 때문에 발생한 모든 손실을 배상해 내라고 했다. 그런데 나중에 알고 보니 메일함에 임시저장되어 있던 메일을 누군가가 임의로 수정해서 전송한 것이었다. 그녀의 비밀번호를 알고 있는 사람은 D가 유일했다.

이 얘기를 들은 뒤로 두 사람이 함께 다니는 모습은 어디에서도 볼 수 없었다. 그리고 나는 한 가지를 확실히 깨달았다. '같은 회사에 들어간 이상 더는 좋은 친구가 될 수 없어. 좋은 친구가 되고 싶다면 절대 같이 일하면 안 돼!'

절친한 동료이거나, 철천지원수이거나

직장에서도 친구와 좋은 우정을 유지한다면 회사나 커리어 모두에 도움이 된다. 서로에 대한 상황이나 스트레스를 너무 잘 알기에 일종의 '전우애'도 키울 수 있다. 또 성격이나 가치관, 취미까지 비슷하면 너무 잘 맞는 친구 사이로 지낼 수 있다. 하지만 업무적 이해관계가 얽히고 본인의 권익이 손해를 본다고 생각하는 순간, 관계는 변질되기 쉽고, 누구든 본능적으로 자기보호를 선택하게 된다. 안타까운 건 그런 친구가 내 사생활이나 회사에 대한 불만 등 나의 '약점'을 너무 많이 알고 있다는 점이다.

사이가 좋을 때는 기쁜 일이 생기면 서로를 축하해 줄 수 있다. 하지만 일단 관계가 틀어지면 그들은 나에게 사용할 '치명적 무기'를 가장 많이 손에 쥔 '적군'으로 변한다. 어쩌면 평생 변하지 않는 친구란 없을 수도 있다. 친했던 친구가 돌연 철천지원수가 되지 말라는 법도 없다.

처음에는 서로 단순하게 인연을 맺는다. 하지만 친구가 라이벌이 되는 순간, 힘겨루기는 피할 수 없다. 선의의 우정을 쌓기로 한 그 순수한 마음에서도 멀어진다.

우정이란 본디 공평한 관계를 바탕으로 맺어진다. 동료이자 친구라는 '이중 신분'은 서로의 입장을 어지럽히고, '공사'의 구분을 망가뜨려 복잡하게 만든다. 결국에는 서로를 증오하는 적대적 관계로까지 발전하게 된다.

견고하고도 건강한 관계의 핵심은 '선긋기'다

●●

친구 사이의 '정서적 협박'은 감정을 볼모로 한다. "우리 좋은 친구 아니었어?", "우리는 조금 더 특별하잖아!"라는 등의 말은 사실 자기 이익을 지키기 위해 타인을 순종하게 만드는 일종의 '협박성 멘트'다. 상대가 사악한 진짜 얼굴을 드러내기 시작했다면 우리는 그저 이 관계를 복잡하게 만들어 버린 나 자신을 탓할 수밖에 없다. 그 뒤로는 서로 왕래 없이, 가장 익숙하던 사이에서 가장 낯선 사이가 되어버릴 수밖에 없다.

우정에 적당한 거리를 유지하자.
공간이 커질수록 기쁨이 늘어난다.

관계를 끝맺지 않는 한 상처투성이가 되어 피를 흘리는 사람은 결국 나다. 직장에서 마음을 나눌 수 있는 친구를 사귀는 건 분명 행운이지만, 그렇다고 특별히 더 친밀한 관계를 만들기 위해 애쓸 필요는 없다. 관계 속에서 이성을 유지하고 명확한 경계를 그어놓아야 손해 보는 일이 일어나지 않는다. 이것이 오랫동안 견고하면서 건강한 관계를 이어갈 비결이다.

우정이란 본디 공평한 관계를 바탕으로 맺어진다.
동료이자 친구라는 '이중 신분'은 서로의 입장을 어지럽히고,
'공사'의 구분을 망가뜨려 복잡하게 만든다.

결국에는 서로를 증오하는 적대적 관계로까지 발전하게 된다.

옛 친구의 빈 자리는
새로운 친구로
채워진다

누구든, 언제든 감정이 상하는 날이 있다. 하지만 그 부정적인 감정이 중요한 의사 결정이나 판단에 영향을 주어서는 안 된다. 특히 직장에서 리더의 자리에 있는 사람이라면 자신의 부정적인 정서를 그대로 드러내는 것은 프로답지 못한 행동이다. 그런 감정은 퇴근 후, 자리에서 벗어난 뒤에 스스로 돌아보며 처리하는 것이 좋다. '오늘 일은 천천히 생각하자. 퇴근했으니 마음 편하게 먹고 주변 사람들에게 부정적인 영향을 주지 말자.'

사람에겐 모두 각기 다른 역할이 있고, 역할마다 중시하는 것이 다르다. 그러니 하나의 역할이 다른 장소에서도 계속 영향을 주지 않도록 주의해야 한다. 오랜만에 만나기로 한 친구 앞에서 회사에서 있었던 일 때문에 계속 기분 상한 모습을 하고 있다면 친구는 몹시 실망할 것이다. 평정심이야말로 원활한 대인 관계 유지를 위해 갖춰야 할 필수 덕목이다. 나의 상한 감정을 친구와의 관계에 그대로 전가하지 않도록 하자. 내 기분이 그날의 만남과 분위기를 좌우하는 요소가 된다. 물론 나쁜 감정을 곧바로 소화하기 어려울 수는 있다. 하지만 종일 거기에 얽매여 있거나 잠식되는 것은 옳지 않다.

미운 사람도
나름의 고운 점이 있다

사회생활을 하다 보면 마음에 들지 않는 사람이 수두룩하다. 그런 사람들과는 인사조차 섞기 싫을 때가 많다. 하지만 그들을 미워하고 배척하는 데 많은 에너지를 소진하기보다 나는 왜 그 사람들이 싫은지, 그 이유가 무엇인지를 고민하는 편이 더 낫다. 만일 내가 속이 좁아서 그런 거라면 그들은 잘하는 게 무엇인지, 그들은 어디서 두각을 나타내는지, 그리고 나의 부족함은 무엇인지 돌아봐야 한다. 아울러 그 사람들은 어떤 부분에 자신의 시간과 열정을 쏟는지 관찰하다 보면 평정을 유지하는 데 많은 도움이 된다.

세상 모든 사람에게는 부족한 면이 있다. 그러니 누군가 나의 부족함을 지적할 때는 그것을 겸허히 받아들이자. 그것이 정말 나의 문제이거나 단점일 수 있기 때문이다. 하지만 나 자신이 당당하고 떳떳하다면, 또 충분히 능력이 있고 자신감이 넘친다면 남들의 판단이나 정서에 끌려다닐 필요가 없다. 내가 그들을 좋아하는 이유, 싫어하는 이유를 명확히 생각해 보면 조금 더 공정하게 생각해 볼 수 있다. 이런 상황에서 내가 할 수 있는 일은 그들을 변화시키는 게 아니라 내 마음가짐을 바꾸는 것이다.

나의 우정은
얼마만큼의 가치가 있을까?

●○

삶에 큰 변화가 일어나거나 신분 혹은 지위가 바뀔 때마다 새로운 친구를 사귀게 된다. 동시에 일이 너무 바쁘고 신경을 쓸 겨를이 없으면 옛 친구에게는 상대적으로 소홀해진다. 우정은 시간이 지남에 따라 변할 수 있지만, 얼마든지 새롭게 재정비할 기회는 있다. 한 친구가 떠나면 새로운 친구가 오기 마련이다. 그러니 편안한 마음으로 새로운 사람을 환영하고, 떠나고자 하는 친구와는 작별 인사를 나누면 된다. 평생에 한 번 있을까 말까 여겨지는 귀한 친구일지라도 24시간, 종일 이야기를 나누거나 함께할 필요는 없다. 그에게 도움이 필요할 때 손을 내밀어주고 관계가 틀어지지 않도록 항상 서로를 배려하면 된다.

나 또한 누군가에게는 '제거'의 대상이 될 수 있다.
하지만 그 일로 일희일비하지 말자.
인생이라는 게임에서 패는 수없이 뒤섞이는 법이다.

우정에 등급이나 가격이 매겨지는 건 아니지만 관리는 필요하다. 내가 쏟은 마음만큼 꽃이 피고 열매를 맺는다. 어른이 되고 보니 그저 먹고 마시고 함께 노는 친구로는 내 인생의 성취와 가치를 증명할 수 없다는 걸 알았다. 정말 좋은 친구는 서로를 배려하고 긍정적인 영향을 줄 수 있어야 한다. 그래야만 오랜 우정을 이어갈 수 있고 '제거 대상'이 되지 않는다. 누군가에게 아주 중요한 사람이 된다는 것은 꽤 행복한 일이다.

어디서 어떻게 알게 된 친구이든 가장 중요한 건 상대에게 진심으로 대하는 것이다. 내 인생에 불필요한 친구는 시간과 현실이 자연스럽게 정리해 줄 것이다. 정말 가치 있는 친구라고 생각되는 사람에게는 진실로 대하고 존중해 주어야만 한다.

정말 좋은 친구는 서로를 배려하고
긍정적인 영향을 줄 수 있어야 한다.
그래야만 오랜 우정을 이어갈 수 있고
'제거 대상'이 되지 않는다.

누군가에게 아주 중요한 사람이
된다는 것은 꽤 행복한 일이다.

성숙하고 재미있는 어른 되기

　우리는 사람에 따라, 신분에 따라 각기 다른 얼굴과 표정, 말투를 사용한다. 살다 보면 만나는 사람이나 장소, 내가 처한 상황이나 벌어진 일 등에 따라 각기 다른 모습의 내가 등장하는 것을 발견할 수 있다.

　V는 평소 모든 일에 다소 예민하게 반응하는 편이었다. 그는 항상 뭔가에 화가 나 있는 듯했다. 사회 뉴스나 신문은 언제나 그의 비판과 질책의 대상이었다. 심지어 그는 친구들의 외모나 가치관을 종종 비난하기도 했다. 본인과는 아무 관련 없는 사람들도 어느새 그의 '비난 리스트'에 이름을 올리고는 했다.

'입은 열되 마음은 닫는다'는 게 그의 사람 사귀는 방식이자 모토였다. 그는 늘 사람들과 대화를 나눌 때 자기는 드높이고 상대는 짓누르고 무시했다. 시간이 흐르자 모임에 그가 나온다는 소문이 돌면 사람들은 하나둘 참석이 어렵다고 손사래를 쳤다.

다른 사람을 비난하고 무시하는 게 습관이 된 사람들은 말한다. "네가 이해해. 내가 원래 좀 직설적이라서." 그들은 그 핑계로 남을 깔아 내리면서 자기 존재를 드러낸다. 하지만 그것이 타당한 이유가 될 수 없음은 명백한 사실이다.

살다 보면 다양한 사람들을 사귄다. 모두가 저마다의 성장 배경을 지녔지만, 확실한 것 하나는 자기의 좁은 편견으로 전체를 판단해서는 안 된다는 것이다. 개인적인 평가나 잣대를 다른 사람에게 들이대서는 안 된다. 특히 누군가를 향한 근거 없는 추측은 자기가 세상의 뭐라도 되는 양 착각하는 사람들이 흔히 저지르는 실수다. 일단 사람들이 어울리기 싫어하는 사람이 되면 단기적으로는 시야가 좁아지고, 장기적으로는 인생의 수많은 가능성을 쳐내게 된다.

예나 지금이나 통용되는
'역지사지'의 자세

⬤●

　경쟁이 치열한 직장에서는 다른 사람에게 '책잡힐' 일을 만들기 싫어 먼저 나서서 타인을 공격하는 경우가 많다. 이럴 때 누군가는 같이 맞불을 놓으며 대응하지만, 누군가는 가벼운 농담이나 유머로 상황을 자연스럽게 전환하기도 한다. 물론 이런 상황이 유쾌한 건 아니다. 그래도 잘 처리하고 싶은 마음이 있다면 가장 좋은 방법은 역지사지의 자세로 입장을 바꿔 생각해 보는 것이다. 원만한 대인 관계를 위해 이보다 더 좋은 방법이 있을까?

나에 대해 상상할 공간
마련해 주기

●⬤

나와 관련한 크고 작은 일에 관해 외부인(심지어 친구에게도)

에게 사사건건 자세히 말할 필요는 없다. 그저 서로 보폭을 잘 맞춰 걸을 수 있는 '리듬'만 맞추면 그만이다. 사실 직장인들의 경우 자유시간이 그리 많지 않다. 퇴근 후 집에 돌아가면 가족 혹은 배우자와 대화를 나눠야 하고 몇 시간 잠자리에 들었다가 아침이 되면 또다시 지겨운 밥벌이를 위해 출근길에 올라야 한다. 이토록 분주하고 정신없이 돌아가는 인생에서 우리에게 주어진 일은 너무 많고 중요한 일도 너무 많다. 남은 시간을 오로지 대인 관계를 위해 몰두하는 것은 안타까운 일이다.

삶에 여백을 남기자.
중요하지 않은 것이 무엇인지 확실히 알면,
진짜로 중요한 게 무엇인지 알 수 있다.

혼자만의 시간을 잘 보내는 사람이 일과 삶에 더 집중할 수 있다. 몸과 마음의 균형을 잘 조절해 관계를 더 잘 유지하기 때문이다. 친구 사이에도 일정한 거리감과 신비감이 있어야 다음 번에 만났을 때 새로운 이야깃거리가 많아진다.

내 삶의 작은 부분에 가치 있는 변화와 자극을 지속해서 주도록 하자. 새로운 걸 공부하거나 새로 개봉한 영화를 보거나 독서 등의 활동이 대화의 소재를 다양하게 해주는 역할을 한다. 매일 부지런히 새로운 걸 배우다 보면 어느새 나는 사람들 사이에서 유쾌한 사람, 친해지고 싶은 사람이 되어 있을 것이다.

삶의 위기 앞에
조금 더 담대해지자

'속세'에 발을 담그고 살아가는 이상 이런저런 사건 사고가 생기는 걸 막을 수는 없다. 아무리 백방으로 방법을 강구해 막아낸다 한들 한계가 있고, 때로는 그렇게까지 애쓰는 내 모습이 처연해 보이기까지 한다. 하지만 그 과정을 통해 나는 계속 성장하고 있고, 그만큼 인생에 대한 경험도 쌓인다. 삶의 위기 앞에서 이전보다는 조금 더 담대해졌고, 그렇게 조금씩 오늘의 내가 만들어졌다.

그런 점에서 보면 사건 사고들이 꼭 나쁜 것만은 아니다. 나는 그 일들을 통해 사람 대하는 법을 조금 더 잘 알게 되었기 때문이다. 또 나의 결례로 누군가에게 실수를 저지르지 않도록 최대한 스스로 일깨운다. 유명한 사람, 소위 성공한 사람을 만나더라도 친해지려고 거짓으로 아첨하거나 선을 넘지 말자고 계속 되뇌는 것도 바로 그런 이유이다.

인생길에서 만난 보물 같은 친구

　오랫동안 알고 지낸 익숙한 친구들과는 굳이 말하지 않아도 통하는 것들이 있다. 일단 서로의 성격을 너무 잘 알고, 어떤 부분이 상대의 '분노 스위치'인지 잘 알기 때문에 최대한 그 문제는 피하려고 조심한다. 시간은 인생에 많은 숙제를 안겨주지만, 한편으로는 관용과 포용을 알게 한다. 시간이 지날수록 오래된 친구를 더 이해하고 보듬어줄 수 있는 이유다.

체면과 우정,
무엇이 우선일까?

모든 사람은 각기 태어나고 자란 배경이 달라서 세상을 바라보는 눈도 다르다. 두말하면 입 아픈, 너무나 당연한 이치다. 그러니 나의 가치관이나 생각을 타인에게 강요할 수 없는 노릇이다. 친구 사이에 가장 중요한 건 진실함이지만 그만큼 또 중요한 게 역지사지의 마음이다. 내 중심에서 내 시선으로 타인의 마음을 이해하려고 하는 순간, 관계는 틀어진다.

사람은 저마다의 개성과 가치관이 있다. 그러니 의견 충돌이 일어나는 건 당연하다. 친구 사이도 마찬가지다. 마찰이 일어났을 때 화를 참지 못하고 있는 대로 쏘아붙이면 그 순간에는 통쾌할지 몰라도 오랜 시간 이어온 우정을 한순간에 잃어버릴 수도 있다. 오래도록 나를 신뢰하고 존중해 주던 친구를 한순간에 잃는 건 참 슬픈 일이다. 당장은 체면을 차린 덕분에 뿌듯할지는 모르겠지만, 진정으로 나를 이해해 주는 사람을 잃었다는 사실에 이내 우울해질 것이다.

때로는 주연으로,
때로는 조연으로

●●

성인이 된 후에 우정을 쌓는 게 쉬운 일이 아니라는 걸 깨달 았을 때는 조금 서글프기도 했다. 우정에도 모든 단계마다, 순 간마다 '밀고 당기는' 기술이 필요하다. 거리가 멀어졌다고 느 껴지면 그리움이 밀려오지만, 그렇다고 너무 가까워지면 '숨 쉴 공간'이 사라져 버린다.

스무 살 때는 타인의 시선을 의식했다. 사람들이 나를 어떻 게 보는지 신경 쓰였고, 사람들 사이에서 어떻게든 주목받고 싶 었다. 하지만 서른을 넘기자 관계 속에서의 '나 자신'을 들여다 보게 되었다. 어떤 사람이 나를 성장하게 하는지, 또 어떤 사람 에게 마음을 내어주고 싶은지 관찰하는 내가 보였다.

사실 친구들 사이에서 늘 '주인공'일 필요는 없다. 가끔 상황 에 따라 모임의 리더가 될 수는 있지만, 다른 사람에게 항상 '조 연'을 맡길 수는 없다. 자존감이 낮고 자신감이 부족해 어떻게 든 존재를 드러내고 싶은 마음에 계속 '대장' 자리에 서려고 하 면 할수록 점점 '밉상'이 되어버린다.

때로는 경청하고, 때로는 이끄는 사람이 되자.
평등하게 서로를 대할 때 우정은 오래 이어진다.

　진짜 우정을 이어가고 싶다면 친구의 진심 어린 조언과 충고를 귀담아들을 줄 알아야 한다. 진정한 친구는 희귀하다. 가끔 입장을 바꾸고 역할을 바꿔보자. 때로는 마음을 다해 친구의 말에 귀를 기울여주고, 때로는 화제를 바꾸거나 모임을 주도하는 사람이 되어보자. 그때그때 역할을 바꾸는 사람 주변에 친구가 모여들고 인생도 즐거워진다.

　사람들에게 사랑받는 사람이라고 해서 꼭 언제나 분위기를 이끌거나 주도하는 건 아니다. 그렇지만 빠질 수 없는 것이 바로 '상호작용'이다. 진실한 눈빛 하나로도 충분히 분위기를 압도할 수 있고 즐겁게 대화를 이어갈 수 있다. 진정한 친구라고 해서 꼭 언제나 나에게 친절하고 자상해야 하는 건 아니다. 그렇지만 그들은 내가 슬픔에 빠졌을 때, 힘든 일이 있을 때는 어김없이 내 얘기를 들어주고 쉬어갈 자리를 마련해 준다.
　인생길을 천천히 걷다 보면 나를 떠나는 사람이 허다하다. 때로는 내가 먼저 인연의 끈을 놓아버리기도 한다. 지금 내 주변에 남아있는 사람들은 나를 정말 잘 아는 친구들이다. 나를 진심으로 아껴주는 그들을 소중히 여겨야 한다. 힘들 땐 서로 의지하고 잘못할 땐 진심으로 충고해 주어야 한다. 이런 관계야말로 인생에 몇 안 되는, 소중한 보물임이 틀림없다.

스무 살 때는 타인의 시선을 의식했다.
사람들이 나를 어떻게 보는지 신경 쓰였고,
사람들 사이에서 어떻게든 주목받고 싶었다.

하지만 서른을 넘기자 관계 속에서의
'나 자신'을 들여다보게 되었다.
어떤 사람이 나를 성장하게 하는지,
또 어떤 사람에게 마음을 내어주고 싶은지
관찰하는 내가 보였다.

적절한 시기에 필요한 인간관계 가지치기

조금 매정하게 들릴진 모르겠지만 인생에 해로운 관계는 가차 없이 끊어내야 한다고 생각한다. 그걸 어떻게든 이어가고자 자신을 들볶고 괴롭힐 필요는 없다.

우정이 다져지는 이유는 서로의 생각과 가치관이 비슷하기 때문이다. 그러나 시간이 갈수록 차츰 연락이 뜸해졌다면 세상을 바라보는 눈이 달라졌고, 서로의 생활 습관 등에 변화가 생겼다는 의미다. 과거의 좋았던 때를 떠올리면 물론 아쉬움이 있지만, 서로 멀어지게 된 것은 어쩌면 너무 당연한, 필연적인 결과다. 정식으로 '이별'을 선포한 건 아니지만 서로 더는 만나지 않기로 암묵적으로 동의했을 것이다. 가깝게 지냈던 친구일수록 나에 대해 잘 알기 때문에 연락이 끊긴 후에는 더 많은 험담으로 나를 비난할 수 있다. 그러나 거기에 적극적으로 대응하고 맞서 손톱을 세우기보다는 마음을 조금 넓게 가지고 용서하는 편이 나를 조금 더 성숙하고 용감한 사람으로 만들어준다.

인생에 해가 되는 친구는 어떤 사람일까? 그들은 자신의 이익을 위해서 내 비위를 맞추고 갖은 호언을 던진다. 때로는 배고픈 하이에나처럼 비참하게 먹이를 갈구하기도 한다. 하지만 진정한 친구는 내게 입을 벌리지 않는다. 그저 묵묵히 곁에서 도움을 주고 따뜻하게 나를 안아준다.

과거에 진심을 내주었지만 매몰차게 '버림받았던' 친구 관계가 있다. 하지만 시간이 지나 돌이켜보면 그때 구체적으로 무슨 일이 있었던 건지, 내가 어떤 마음이었는지 잘 떠오르지 않는다. 상처는 무뎌지고 기억은 희미해진다.

물론 아끼던 우정을 잃는다는 건 아주 슬픈 일이다. 그러나 떠나버린 우정에 아무리 마음을 쓰고 시간을 쓴들 원래대로 돌아오진 않는다. 그리고 내 감정과 시간도 그만큼 중요하다. 나를 매몰차게 끊어낸 친구를 붙잡는 데 에너지를 쓰는 것보다 나를 진심으로 위해 주고 아끼는 사람에게 정성을 쏟는 것이 훨씬 낫다. 관계를 투자에 비유한다면 후자에 투자하는 것이 훨씬 수 익률이 높다.

내 인생에 도움이 되지 않는 사람을 놓아주는 것,
필요 없는 관계를 적절하게 끊어내는 것 역시 삶의 지혜다.

관계의 맺고 끊음은 썩은 가지를 잘라내는 과정과도 같다. 건강하지 않은 관계는 제때 가지치기를 해주어야 한다. 대인 관 계에도 모름지기 기준점이 필요하다. 그래야 더 나은 사람을 사 귀고 인연을 맺을 여유 공간이 생긴다.

자신을 보호할 최소한의 방화벽

아무리 좋은 친구라고 해도 마지막 '방화벽'은 남겨놓아야 한 다. 누가 영원한 나의 친구가 되어줄지는 아무도 모르기 때문이 다. 정말 아끼던 사람에게 배신당하면 그 후로는 세상 그 누구도 믿지 못하는 일이 생긴다. 살다 보면 가까운 사람에게 오해를 사거나 또 누군가를 오해하는 일이 생긴다. 그럴 때 상대를 보며 아무 일 없다는 듯 웃으며 연기하는 건 쉽지 않다.

그렇게 '가면'을 쓰고 만나야 하는 사람에게는 딱 그만큼의 대우를 해주면 그만이다. 진심을 쏟을 필요는 없다. 대신 그 관심과 열정을 정말 소중한 사람에게, 나를 진심으로 아껴주는 친구에게 쏟는 것이 훨씬 가치 있다. '관계'라는 건 본래 적당한 거리를 유지해야 한다. 그것이 바로 오랫동안 한결같은 관계를 유지하는 비결이다.

암묵적인 신뢰로 판별하는
관계의 진위

요즘처럼 수많은 관계와 정보의 홍수 속에서 피로감이 누적되는 시대에 '선량함'이라는 덕목을 늘 장착하고 살아가기란 쉽지 않다. 하지만 내가 누군가에게 충분히 사랑받을 만한 가치가 있는 사람이라는 걸 믿는다면 내 인생의 소중한 인연을 선택하고 관리할 수 있다. 내 삶의 시야를 넓혀주는 친구가 있는가 하면 인연이 닿지 않아 더는 만남이 이뤄지지 않는 친구들도 있다. 관계에서의 적절한 맺고 끊음은 우리 인생에 꼭 필요한 정리 작업이다. 이 작업을 거쳐야만 나를 아껴주는 사람에게 더 많은 친절을 베풀 수 있다.

관계의 길고 짧음은 서로 간의 암묵적인 신뢰를 바탕으로 이어진다. 어떤 의미에서 보면 관계가 얼마나 유지되는가는 서로에 대한 믿음을 시험하는 계기가 된다.

친구 관계가 복잡하다면 조금 단순하게 만들 필요가 있다. 무조건 친구가 많다고 꼭 좋은 건 아니다. 긍정적이면서 지혜로운 사람과 가까이 지내는 것이 좋다. 그러다 보면 현실적인 목표를 세우고 긍정적인 미래를 맞이하는 데 도움이 된다. 이상적인 삶에는 대부분 주변에 이상적인 우정이 함께한다. 내 인생을 조금 더 가치 있게 만드는 친구, 나를 더 행복하게 만들어주는 친구에게 조금 더 마음을 쓰도록 하자.

관계의 맺고 끊음은 썩은 가지를 잘라내는 과정과도 같다.
건강하지 않은 관계는 제때 가지치기를 해주어야 한다.

대인 관계에도 모름지기 기준점이 필요하다.
그래야 더 나은 사람을 사귀고 인연을 맺을 여유 공간이 생긴다.

과도한 선심은
위험하다

    금요일 저녁, 퇴근 후에는 종종 친구들을 만나 맛있는 저녁을 먹고 바에 가서 가볍게 술 한 잔을 걸치며 일주일 동안 고생했던 나를 위로해 준다. 감미로운 음악, 편안한 대화, 은근하게 차오르는 술기운에 그동안 쌓였던 스트레스가 눈 녹듯 풀어진다. 하지만 이쯤에서 조심해야 한다. 조금 더 선을 넘어버리면 비현실적인 몽환에 사로잡히고, 곧장 이성적인 사고와 판단에 문제가 생기기 때문이다.

    외모가 뛰어나고 아이디어가 샘솟는 J는 광고업계에서 알아주는 친구였다. 오랫동안 해당 업계에서 일하며 뛰어난 재능을 인정받은 그녀는 고객들에게도 사랑을 많이 받았다. 서른 살의 그녀는 앞길이 창창했지만 이제 결혼을 전제로 누군가와 교제하고 싶은 마음이 컸다. 그녀는 결혼하면 지금 같은 '워커홀릭'의 삶에서 벗어나 가정 중심의 삶을 살고 싶다는 꿈을 꿨다.

어느 금요일 저녁, 생일을 맞아 친구들과 함께 한 어느 클럽의 파티에서 우연히 한 남자를 만나게 된 그녀는 그에게 푹 빠져들었다. 그리고 몇 번 만나보지도 않은 상태에서 둘은 결혼을 약속했다.

그 후로 그녀는 다른 사람처럼 변했다. 휴대전화를 보며 바보같이 혼자 키득거리는 일이 많아졌고 업무 시간에 집중하지 못하고 자꾸 딴생각을 했다. 심지어 고객과의 중요한 미팅 약속을 잊어버리거나 회사 프로젝트를 망치는 일까지 생겨났다. 결국 회사 측에서는 감봉과 직위 강등이라는 조치까지 단행했지만, 그녀는 전혀 걱정하지 않았다. 얼마 후면 자신은 결혼할 몸이고 더는 일이 삶의 전부가 아닐 거라고 생각했기 때문이었다. 친구들은 그런 그녀에게 우려의 목소리를 건넸다. 지금 당장은 좋을지 모르겠지만 공과 사를 확실히 구분하라고, 너무 결혼 생각에만 치우쳐서 삶의 균형을 잃지 말라고 조언했지만 소용없었다.

그리고 얼마 뒤, 우려했던 일이 현실로 벌어졌다. 입에 꿀 바른 듯 달콤한 말로 그녀의 정신을 쏙 빼놓던 남자는 자신의 아홉 꼬리를 치켜들고 본색을 드러냈다. 그는 그녀에게 이런저런 명목으로 1억 원에 가까운 돈을 뜯어낸 뒤 종적을 감추었다. 구름에 올라탄 듯 늘 들떠 있던 그녀가 하루아침에 나락으로 곤두박질치는 순간이었다.

흔들리는 배에서 내린다고
바로 멀미가 끝나진 않는다

●●

갑자기 찾아오는 삶의 변화 앞에서 사람들은 새로운 호기심을 품고 꿈에 부풀어 오른다. 그것이 엄청난 삶의 터닝 포인트라도 될 것처럼 말이다. 하지만 그럴 때일수록 감정에 휘둘리지 않도록 나 자신을 일깨워야 한다. 가슴이 벅차오르는 감정이 우리를 평범하고 따분한 일상에서 벗어나게 하는 건 맞다. 하지만 그렇다고 해서 감정에 이끌려 마땅히 지켜야 할 일상의 원칙을 깨뜨리지 않도록 조심해야 한다. 내가 하는 일과 내 인생의 우선순위에 영향을 미치는 일은 더더욱 없어야 한다. 일단 감정이 일상의 균형을 뒤흔들기 시작하면 반드시 무언가를 낭비하는 일이 생긴다. 성장을 위해 값비싼 대가를 치러야 하며, 질서가 무너진 삶에서 허덕이는 불상사가 벌어진다.

고독과 외로움을 견디지 못해 시작한 관계는 오래 가지 못한다. 더군다나 클럽에서 우연히 만난 낯선 사람의 진심을 읽는 데는 조금 더 긴 시간이 걸린다. 거기서 사랑을 찾고 싶다 해도 '한 번 놀아보자'는 마음을 가진 사람이 아니고서야 웬만해서는 이어지기 어렵다. 그보다는 인생에 커다란 숙제가 하나 더 늘어나게 된다.

가끔씩 한 번 만나 스트레스를 풀며 노는 '술친구'나 각자의 욕구만 취하면 되는 '섹스파트너'들은 더 조심해야 한다. 이들은 언젠가는 끝나버릴 관계다. 찬란한 무지갯빛으로 물든 '환상의 세계'가 보기에는 화려하고 아름답긴 해도 결코 그것이 우리의 일상을 대체할 수는 없다.

외로움에서 벗어나기 위해 시작한 관계는 아이러니하게도 외로움으로 끝이 난다. 혼자 살아가던 삶이 두 사람의 삶으로 변하려면 사소한 일상의 습관부터 시작해 많은 것이 바뀌어야 한다. 관계가 안정되기 전까지 서로 시간을 써야 하고 많은 대화를 나눠야 한다. 그 과정을 통해 두 사람이 사랑이라는 감정 속에서 현실적인 안정감을 찾을 수 있다. 그렇다고 개인의 삶을 놓아서는 안 된다. 모든 걸 포기하고 내던지며 불사르는 연애는 건강하지 않다. 결국에는 사랑에 실망하게 되거나 아예 사랑을 포기할지도 모른다.

시끄러운 음악 소리,
번쩍이는 네온사인,
잔뜩 오른 술기운 속에서 사귄 친구는
내 인생에 지나가는 '나그네'라고 생각하는 것이 좋다.

가상 세계와 현실 세계 속 커뮤니티의 경계가 모호한 현시대에는 누군가에게 진심을 꺼낸다는 것 자체가 이미 어려운 일이다. 더군다나 클럽처럼 '즐기기 위해' 찾아가는 장소에서 만난 사람에게 진심 섞인 고백을 듣는다는 건 어쩌면 불가능한 일일지도 모른다. 물론 그곳에서 새로운 친구는 얼마든지 사귈 수 있다. 하지만 그들이 정말 나를 위해 '간이고 쓸개고' 다 빼줄 수 있을지는 장담할 수 없다. 혼자서만 진심으로 대했다가 상처받고 아파하는 실수를 무한 반복하기에는 나의 자존심이 허락하지 않는다.

내가 상대의 마음속에 있다는 착각, 그것도 아주 중요한 자리를 차지한다는 착각에서 벗어나자. 그리고 처음 만난 사람과는 적당한 거리를 유지하자. 그래야 나 자신을 보호하고 천천히 상대를 이해할 수 있다.

가끔은 억지로 무언가를 하지 않는 관계가 오히려 더 오래 유지된다. 관계는 양이 아니라 질이 중요하다. 관계의 '품질'을 생각하자. 내 인생의 소중하고 존귀한 시절을 낭비하는 일이 없도록.

영웅의 삶은
고된 법이다

사람들이 말하는 것처럼 그녀가 정말 '바보 천치'는 아니었을지 모른다. 그녀는 그저 '착한' 사람이었고, 자기가 아는 모든 사람이 행복하게 잘 지내기를 바랐던 사람이었다.

친구가 취직하지 못해 힘들어하면 그녀는 나서서 일자리를 알선해 주었다. 친구가 경제적으로 허덕이면 먼저 나서서 밥값을 계산하고 생활비를 보태주었다. 그녀는 친구들이 '잘 먹고 잘살기'를 진심으로 바랐다. 결혼하고 싶어 하는 친구에게는 잘 어울릴만한 인연을 주변에서 열심히 물색하기도 했다.

20년을 넘게 알고 지낸 D의 이야기다. 그녀는 말 그대로 정말 '사람 좋은' 사람이었다. 특히 친구들 일에 관해서라면 밤낮을 가리지 않고 발 벗고 나서주었다. 하지만 그녀의 그런 '선량함'이 하늘까지 감동시키기엔 역부족이었던 걸까. 그녀는 빚이 많은 남자를 사랑하게 되었다. 카드빚은 물론 월세도 여러 달 밀려 있는, 심지어 밥벌이마저 변변치 않은 그런 사람이었다. 그녀는 친구들에게 돈을 빌리면서까지 그의 경제적 '원조'를 도맡았고, 친구들에게 그의 일자리를 부탁했다.

사람들은 착한 사람을 보면 인성이 좋다고 말한다. 그리고 그의 인생도 평탄하길 바란다. 그런 사람들은 친구들의 어려움을 보면 아무런 '사심' 없이 발 벗고 나선다. 하지만 누군가를 너무 많이 도와주면, 심지어 내 역량을 초과해 버리면 마침내 재앙이 벌어진다. 세상을 구원하고자 하는 '영웅'의 삶은 본래 고된 법이다. 하지만 중요한 건 이 세상에서 가장 보호받아야 할 사람, 가장 먼저 돌봄이 필요한 사람은 다른 누구도 아닌 나 자신이라는 점이다.

다들 제 코가 석 자인 양 살아가는 이 곤궁한 세상에서 누가 누구를 진정으로 도와줄 수 있을까? 누굴 먼저 도와주려 하기보다 먼저 내 삶을 정갈하게 정돈하고 다듬어야 한다. 그런데

좋은 친구, 괜찮은 우정

많은 경우 '착한 사람'은 내 삶보다는 다른 사람의 삶이 우선이어서 인생의 행복과 즐거움을 놓치는 경우가 많다.

그리고 안타깝지만, 그 착한 마음이 꼭 하늘을 감동시키는 것도 아니다.

독이 담긴 수프를
건네는 사람에게

모든 사람에게 선하게, 친절하게 대해야 나중에 그 복이 전부 나에게 돌아오는 거라고 말하는 사람들이 있다. 그들은 말한다. "마음을 조금 더 넓게 가져. 네가 이해해야지 어쩌겠니.", "화낸다고 뭐가 달라지니? 네가 참아.", "그래도 그 사람이 불쌍하잖아." 그러면서 그대로 하지 않으면 마치 내가 속 좁은 나쁜 사람인 양 죄책감을 심어준다.

그렇지만 말뿐인 선행, 진심 없는 친절은 결국 그 본색을 드러내기 마련이다. 그래서 누군가의 과오를 완전하게, 완벽하게 품어주지 못한다. 설령 모든 일을 다른 사람 입장에서 생각하고 희생할 줄 아는 사람이라고 하더라도 늘 내게 상처와 손해를 안겨주는 사람과 평생지기로 지낼 수는 없다. '독이 들어 있는 닭고기 수프'라는 걸 분명히 아는데 내게 '건강식'이라며 내미는 사람을 언제까지 신뢰할 수 있을까? 그런 선량함은 내게 아무런 의미나 효과가 없을뿐더러 심지어 내 인생을 통째로 망칠 수도 있다.

우리는 모두 사회에 몸담고 살아가는 보통의 사람들이다. 모든 사람이 부정적인 에너지에 영향을 받을 수밖에 없어서 개인의 정서적, 감정적 조절과 관리가 필요하다. 그렇다고 해서 전 우주를 품고 사랑하는 긍정적 에너지의 수호천사가 되어야 한다는 말은 아니다. 시간은 제한적이고 인생에는 여러 가지 현실적인 도전이 존재한다. 주어진 현실에 감사하며 자족하는 사람이면 된다. 그뿐이다. 나를 거세게 몰아세우거나 즐거움과 행복을 지나치게 강요할 필요는 없다. 마음이 편한 게 제일이다.

모든 사람에게 선하게, 친절하게 대해야 나중에 그 복이 전부
나에게 돌아오는 거라고 말하는 사람들이 있다.
그들은 말한다.

"마음을 조금 더 넓게 가져. 네가 이해해야지 어쩌겠니."
"화 낸다고 뭐가 달라지니? 네가 참아."
"그래도 그 사람이 불쌍하잖아."

그러면서 그대로 하지 않으면 마치 내가 속 좁은 나쁜 사람인 양
죄책감을 심어준다.

Part 3

나를 위한 일,

일을 위한 나

기회를 잡기 위한 준비를 하라

　보통 요즘은 대학 공부를 마치고 직장에 취직하면 대략 스물다섯에서 스물일곱쯤 된다. 직장인들은 30대 초반을 기준으로 남은 시간 안에 직장에서 어느 정도 자리를 잡은 다음 몸값을 많게는 두 배 정도 올리는 것을 목표로 삼는다. 이 기간은 짧다면 짧고, 길다면 긴 5년 정도로, 내가 어떻게 하느냐에 따라 인생에는 많은 변화가 일어날 수 있다. 그사이에 적게는 한 번, 많게는 세 번 정도 직장을 옮길 수도 있고, 신입 사원에서 대리나 과장, 심지어 부장이나 파트장의 주요 간부 자리에도 오를 수 있다.

이직에 관하여

●○

  '먹고 살기에는 문제없는' 정도의 직장에 근근이 다니면서 연봉이 두 배, 세 배 오르길 원하는 건 어불성설이다. 사회생활을 시작한 지 2년, 3년 정도밖에 되지 않는 친구들 가운데 복지가 '빵빵'하고 동료들도 '나이스'한 직장에서 평생 일하고 싶다고 말하는 사람들이 많다. 그렇지만 정말 그런 직장에서 '장수'하고 싶다면 계속해서 치고 올라오는 신입 후배들에게 뒤처지지 않을만한 경쟁력을 갖추어야 한다.

  운이 좋아 첫 사회생활을 복리후생이 좋은 대기업에서 시작하게 될 수도 있지만, 그런 경우가 아니라면 차근차근 단계를 밟아야 한다. 먼저 서른 초반까지 세 번 정도의 이직 기회가 있다. 한 직장에서 최소 2년 이상은 일한다고 치면 세 번째 직장에서는 '관리직' 자리에 오를 수도 있다. 어느 정도 경력이 쌓인 데다가 일하는 것도 안정적이기 때문에 면접관들도 눈여겨볼 것이다. 하지만 탄탄한 커리어 외에 갖춰야 할 덕목이 또 있다. 바로 '긍정적 마인드'다. 팀원들을 즐겁게 하고 전체적인 분위기를 행복하게 만드는 사람이 되는 게 중요하다.

서른을 앞둔 상황이라면 이제까지의 커리어와 최근에 입금된 월급의 숫자, 회사의 복리와 제도를 점검해 보는 것이 좋다. 나아가 앞으로의 커리어와 직업적인 포지션, 직무 등에 관한 로드맵을 세워보아야 한다. 이미 간부 자리에 올랐다면 이제는 '월급'이 아닌 '연봉'으로 임금협상을 시도해 봐야 한다. 협상 시에는 상여금과 복리후생, 연말연시 성과급 등을 검토해 보는 것이 좋다.

서른의 문턱을 밟은 뒤에는 커리어에 대한 객관적이고 실질적인 '진단'이 필요하다. 20대의 낮은 연봉에서 30대의 높은 연봉으로 올라서려면 그 과정은 실로 고단하다. 상사로부터 오는 스트레스, 치고 올라오는 신예들의 압박에서 견뎌내지 못하면 사실상 시간이 지나도 계속 제자리걸음을 할 수밖에 없다.

연봉 협상에 관하여

방향을 확실히 정했다면 여러 업계에서 경력을 쌓아보는 것도 좋다. 다만 이직을 하더라도 같은 직급으로, 능력을 가장 잘 발휘할 수 있는 직장을 선택하는 것이 좋다. 마음이 편하지 않으면 실력 발휘도 잘 안 된다. 매번 나 자신을 '리뉴얼 제품'이라고 생각하고 스펙을 강화하면 기회는 언제든 찾아오기 마련이다.

어느 정도 사회생활을 한 후 대기업 면접에 응시한다면 학력이 아닌 경력 싸움을 해야 한다. 이전 직장에서 받았던 임금 수준부터 해외 파견 경험, 자기 계발 능력과 담당 프로젝트 성과 등이 모두 평가 대상에 포함된다. 새로운 회사의 면접관들이 과거 경력을 심사하면 그 결과를 인사팀에 전달한다. 그다음 내가 제시한 연봉과 직급에 맞춰줄 수 있을지 2차 심사를 진행하게 된다.

서른이 되면 시야가 넓어지고 현실을 직시하게 된다. 나의 경쟁 상대는 비단 동료뿐만 아니라 나와 비슷한 재능을 가진 모든 사람이라는 걸 깨닫는다. 고급 인력이 연봉을 낮추겠다고 하면 인사팀에서는 두 손 두 발 들고 환영하며 출근을 재촉하겠지만, 사회 초년생의 임금 인상 앞에서는 전혀 다른 반응이 돌아올 것이다.

일단 서른의 '분수령'에 도달했다면 직장 안에서의 개인적 능력을 키워야 한다. 그래야 직급도, 연봉도 올라간다.

기회의 파도에 올라타라

●●

직장생활을 3년 넘게, 혹은 그 이상했는데도 임금 수준이 동일하다면 혹시 나에게 부족한 점이 있는 건 아닌지 돌아볼 필요가 있다. 전문적인 능력과 기능을 갖추고서도 그것을 잘 발휘하지 못하면 상사는 나의 가치와 능력을 제대로 알아보지 못할 수 있다.

전문적인 능력 말고도 업무에 대한 긍정적인 태도, 성실함 등이 모두 고과에 큰 영향을 미친다. 만약 지금 하는 일이 전혀 적성에 맞지 않아 괴로운 나날을 보내고 있다면 하루빨리 그만두는 것이 좋다. 내 미래를 지체하지 않는 것도 중요하지만, 회사 차원에서도 자원을 낭비하는 셈이다. 그리고 그것이 내 커리어를 존중하는 길이다.

누군가가 나를 고용했다고 해서 그들에게 굽신댈 필요는 없다. 그보다 먼저 내 가치를 높이고 증명할 필요가 있다. 높은 연봉을 받고 싶다면 서른 전에 착실하게 커리어를 쌓아야 빛을 발한다. 몸담은 업계의 변화를 빨리 캐치하고 앞서 나가야만 기회의 파도가 왔을 때 재빨리 올라탈 수 있을 것이다.

'방향감'이 없다면
삶은 돈의 노예가 된다

사람들이 이직을 결심하는 데는 여러 이유가 있다. 불만족스러운 임금, 업계의 어두운 미래, 불합리한 회사 복리 등이 있는데, 중요한 건 이런 문제들 때문에 일하고자 하는 내적 동기가 사라진다는 것이다. 업계를 막론하고 그 세계마다 암묵적인 관행이 하나씩 존재한다. 하지만 이는 밖에서 보이지 않기 때문에 직접 발을 들여야만 진짜 속내를 알 수 있다. 그중에 어떤 기업은 인재를 낳기만 하는 '인큐베이터' 역할을 하기도 하고, 어떤 기업은 그저 사람들이 거쳐 가는 중간 다리 역할을 하기도 한다. 물론 그중에서도 직원들에게 '불친절한' 기업은 인재를 붙

들지 못한다.

　임금은 사람들이 더 높은 곳을 향해 오르게 하는 가장 큰 동력이다. 직장에서 '몸값'을 올리기 위한 가장 직접적인 디딤돌은 '이직'이다. 하지만 여기에도 함정이 존재한다. 이직 후 오히려 임금이 예전보다 더 줄어들거나 심지어 인상 폭이 업계 평균의 10~20%밖에 되지 않는 경우도 허다하다. 만일 해당 업계에서 누구나 알아주는 '고수'가 아니라면 함부로 '레이스'를 바꾸지 않아야 한다. 무턱대고 다른 길로 접어들었다가는 출구가 없다는 사실을 발견하고 좌절할지도 모른다.

직장인들에게
가장 큰 무기는 무엇일까?

　당장의 커리어나 전문적인 기술이 부족한 상태라면 이직 후에도 중책을 맡기란 어렵다. 모든 건 앞서 나간 선배들을 보며 따라 하는 수밖에 없다. 그래서 가장 먼저 기술이나 관리 면에서 내 능력이 여전히 '실습생'의 수준은 아닌지 냉정하게 검토해 봐야 한다. 기업은 되도록 최소한의 시간과 돈을 투자해 인재를 양성하려 한다. 만약 해당 업계에서 여전히 '신입'과 같은 위치에 있다면 과연 어디까지 조건을 제시하는 게 합리적인지 생각해 봐야 한다. 사실 이직을 할 경우 신규 직장에서는 나의 가치와 기여도를 확인할 길이 없으므로 처음부터 높은 연봉을 제시하진 않을 것이다. 심지어 이전 회사의 신입 시절보다 훨씬 적은 연봉을 제시할지도 모른다.

그러므로 연봉 인상을 요구하기 전에는 먼저 실질적이면서 정확한 '작전'을 미리 세우는 것이 중요하다.

사실 많은 사람이 감정적으로 불쾌함을 느끼고는 충동적으로 이직을 결정해 버리고는 한다. 협상의 조건을 제대로 생각해 보지도 않고, 자신의 장단점을 정확히 판단하지 않은 상태에서 새로운 직장에 면접을 응시하기 때문에 기대하는 만큼의 연봉을 얻어내지 못하는 것이다.

그런데 '높은 연봉'이 태세를 전환하는 유일한 조건은 아니다. 뒤떨어진 안목과 자기중심적인 사고를 버리지 못하면 이도 저도 아닌 딜레마에 빠진다. 업무 능력은 점점 떨어져 이는 임금에도 직접적인 타격을 입힐 수 있다. 취업 시장에서 개인의 포지션도 제대로 확보하지 못해 결국에는 업무와 인생 모두 갈피를 잡지 못하고 방황하게 된다.

커리어의 정상을 향해 가는 순간에 감정적으로 일을 처리하거나 연봉에만 욕심을 낸다면 인생의 원점으로 돌아오게 될 것이며 '저임금의 지옥'에 빠질 것이다.

어떤 상황에서도 '밀당'이 가능한 멀티플레이어

이직을 하려면 제일 먼저 커리어의 '방향'을 잡는 것이 중요하며 업계의 향후 발전 추이를 분석해야 한다.

직장을 옮긴 후에는 전문성을 길러 핵심 인력이 되도록 해야 한다. 그래야 기업의 주요 간부 자리에 오를 수 있다. 다양한 경험을 하면서 '멀티플레이'가 가능한 선수가 되도록 훈련하는 것이 좋다. 전체적인 계획을 짜고 그 안에서 움직이되 최종적인 목표는 더 크고 넓은 길을 향해 가는 것이다. 아무리 연봉이 올라도 커리어가 쌓이지 않는다면 이내 일에 흥미를 잃고 시장에서 도태될 수밖에 없다. 그러면 결국 선택할 방법은 이직 혹은 퇴직뿐이다.

직장을 옮기기 전에는 먼저 나의 전문성과 인간관계, 시장 및 업계 발전 추이를 분석해 보는 것이 좋다. 이것들이 연봉 협상 시 꺼내 들 수 있는 중요한 카드가 될 것이다. 전문성과 새로운 업무의 관련성이 크면 클수록 연봉을 인상할 수 있는 폭도 넓어진다. 또 나의 장단점을 정확히 알면 '밀고 당기기'를 할 때 훨씬 유리하다. 높은 연봉은 단지 헛된 망상이 아니다. 단계별로 착실하게, 안정적으로 밟아 나가면 얼마든지 실현할 수 있다.

'돈'은 종착역이 될 수 없다

경력이 쌓일수록 일을 더 잘해야 하는 건 맞지만 '돈'이 유일한 종착역이 되어서는 안 된다. '월 천오백만 원!'이라는 구인 공고를 보면 마음이 흔들리지만, 그 배후에 무엇이 숨겨져 있는지 확실히 알아야 한다.

신입 사원 혹은 단기적인 이익에 눈이 먼 사람, 중노동은 피하고 싶은 직장인들이 이런 비현실적인 광고를 문자 그대로 받아들인다. 그러나 겉으로 보기에는 번지르르해도 사실 그런 일들은 모두 규칙적인 일상을 볼모로 하는 경우가 많다. 그저 돈만 많이 벌려는 마음으로 달려드는 사람들이 쉽게 함정에 빠진다.

내 인생을 어떻게 운영해 나갈 것인지, 내 목표는 무엇인지 고민하는 데 많은 시간을 써야 한다. 돈이 행복으로 가는 유일한 통로가 아니다. 실질적이고 착실한 '방향감'이 있어야지만 자신을 올바른 길로 이끌어갈 수 있다. 노력한다고 그 결과가 곧장 나타나지 않을 수 있다. 그렇지만 노력하지 않으면 절대로 내가 꿈꾸는 삶을 살 수 없다.

직장에서 안전하고도
편안하게 살아남기

　직장에서 진행되는 '훈련'은 복잡하다. 여기에는 개인적인 업무 실력 향상은 물론 동료와의 관계, 상사 및 부하 직원과의 수직적 관계 처리 등이 포함된다. 안타깝지만 직장에서는 아무리 사람들에게 친절하게, 겸손하게 대해도 그것이 나의 안위를 보장해 주진 않는다. 주변 사람을 철저하게 믿고 아무런 방어 태세를 취하지 않은 사람이 결국 억울한 일을 당하고 남들이 던진 돌에 맞아 눈물을 흘리는 경우가 많다. 게다가 상식을 뛰어넘는 사람들이 너무 많으므로 내 개인사에 관해 지나치게 많은 것을 털어놓지 않는 편이 좋다. 직장인들은 일과 사람을 동시에 잘 관리하고 통제해야 한다.

평범한 사람이 벌을 받는 기이한 세상

매일 똑같이 9시에 출근해 6시에 퇴근하는 직장인들의 삶은 비교적 안정적이다. 크게 무언가에 역행하지 않으면서 동료들과 '좋은 게 좋은 거'라는 마음으로 지내면 특별한 일이 없는 한 매달 따박따박 월급을 받으며 편안하게 살 수 있다. 그런데 문제는 이따금 알 수 없는 공허함과 허전함을 느낀다는 점이다.

일단 회사에서 '인력 감축'이 결정되면 상사는 직원 개개인의 실적과 부서의 실적을 냉정하게 평가하기 시작한다. 이럴 때 순순히 회사를 잘 다니던 '신예'들이나 적은 월급에도 만족하며 조용히 다니던 '노장'들은 위기를 잘 감지하지 못한다. 아무리 그래도 경쟁이 존재하는 일터를 너무 편안하게만 다니는 건 그리 바람직한 일이 아니다. 그곳에서 내 '안위'를 보장하려면 치열하게 나의 가치와 전문성을 잘 드러내야 한다.

평범하고 조용한 직원은 보통 '감원 1순위'가 된다. '기대에

부응하지 못해서', '능력 개발에 한계가 있어서', '회사 조건과 맞지 않아서' 등 회사가 만들어내는 해고의 이유는 셀 수 없이 많다. 해고가 아니라면 부서 간 이동, 지방 근무 등의 간접적인 수단을 사용해 결국에는 직원 스스로 이직하게 만든다. 사실 이 방법이 회사로서는 더 경제적이다.

회사의 요구에 고분고분 잘 따르는 직원들은 안정적으로 회사 생활을 할 수 있을지 모르겠지만 존재감이 부족하다. 그래서 언제든 다른 인력이나 자원으로 대체될 가능성이 높다. 자기도 모르는 사이 위기가 닥치면 '제단 위의 제물'로 바쳐진다. 반면 자신의 존재를 드러내기 위해 주변 사람들의 시선 따위는 아랑곳하지 않은 채 상사에게 번지르르한 말로 아첨하고 갖은 아부를 떠는 사람들도 있다.

나이 든 사람들이 나쁜 게 아니라 나쁜 사람이 나이가 든 것이다

●○

직장에는 정말 여러 유형의 사람이 있다. 그중에는 조금 더 오래 다녔다는 이유로 교만함이 하늘을 찌르고, 경력 뽑내기에 바쁜 '꼰대'들도 있다. 그들은 젊은 동료와 파트너에게 이런저런 지적과 훈계를 일삼는다. 때로는 부하 직원들의 잘못을 하나하나 따지면서 사칙을 들이대고 사내 문화와 분위기를 망친다며 망신을 주기도 한다.

우습게도 이들은 자기 상사나 이익 관계에 있는 동료들 앞에서는 '순한 양'으로 돌변해 그들이 하는 말에 맞장구를 쳐준다. 이처럼 완전히 따로 노는 언행 때문에 동료들은 그들의 진짜 모습과 가짜 모습을 구별하지 못하고 혼란에 빠진다.

아마도 그런 사람들은 과거에 제대로 완수하지 못한 실적 때문에 여기저기서 무시당하고 홀대받았을지 모른다. 그 바람에 자존감이 떨어지고 하는 일마다 요행을 바라게 되었을 것이다. 그리고 살아남기 위해 비열한 방법을 선택했을 것이다. 나이 많은 사람들이 나쁘게 변한 게 아니라 원래부터 나빴던 사람이 나이가 들어 버린 건지도 모르겠다. 어쩌다 보니 세월은 속절없이 흘러버렸고, 당차게 품었던 꿈을 실현하지 못했다는 사실에 화가 나서 엉뚱한 곳에 화풀이하는 건 아닐는지.

편안한 직장 생활은 안정감을 준다.

하지만 그건 미지근한 물에 들어간 개구리와 같다.
점점 뜨거워지는 것도 모르고 신나게 헤엄치다 결국 비극을
맞이한다.

꿈을 좇는 과정은 쉽지 않다. 전력을 다한다고 해도 이뤄지지 않을 수 있다. 그렇지만 나의 태도는 선택할 수 있다. 나에게 도움 되는 사람에게만 친절을 베풀고, 그렇지 않은 사람에겐 상처를 주면서 수단과 방법을 가리지 않으면 목표는 달성할 수 있을지 모른다. 하지만 결국 나 역시 똑같이 '지독한 꼰대'가 되어 버릴 것이다.

직장 내 '정치 싸움'에
말려들지 마라

●●

직장 안에서 다른 사람에 관한 험담, 근거 없는 소문을 퍼뜨리는 것은 심각한 폭력에 해당한다. '미친개'는 물린 사람이 저항하면 할수록 더 세게 물고 놓아주지 않는다. 험담을 할수록

'관중'들이 박수를 보내면 신이 나서 더 악의적인 험담을 하게 된다. 그 형편없는 무대에서 주인공이 되고 싶지 않다면 입을 다물어야 한다. 탕비실, 휴게실, 화장실 등 험담하기 좋은 장소를 최대한 피하는 게 상책이다.

직장에서 살아남는 방법의 하나는 근거 없는 소문이나 악의적인 험담에 반응하지 않는 것이다. 무턱대고 덤벼들었다가는 오히려 '속죄양'이 될 수도 있다. 특히 이제 막 입사한 신입 사원이라면 더 조심해야 한다. 사람이 모이는 곳은 필경 어디라도 문제가 일어나기 마련이다. 특별히 업무를 매개로 하는 경우 쉽게 오해가 생기기 때문에 직장 안에서는 동료들 간에 싸움이 벌어지기 쉽다.

특히 자신에 관한 근거 없는 루머, 거짓 정보 등의 시시비비를 가려내기 위해 일일이 대응하기보다는 가만히 있는 것이 때로는 더 낫다. 두려움 때문에 도망치지만 않으면 진실은 언젠가 밝혀지기 때문이다.

직장에서의 또 다른 생존법은 다른 사람의 일에 한가롭게 참견하지 않는 것이다. 감정적으로 반응하지도 말고, 누군가에게 함부로 조언하거나 충고하지 않도록 해야 한다. 또 나 자신을 보호하려면 상사나 동료, 거래처와 주고받은 문서나 파일을 모두 저장하고, 특히 거래명세처럼 예산과 관련한 것은 상세하게 파악해 두는 것이 좋다. 모든 일의 '앞뒤 맥락'을 제대로 이해하면 실수를 저지르는 일이 적다.

　타인을 괴롭히고 짓누르는 치사한 방법으로 생존하려 하지 말자. 사무실 내 '정치 싸움'에도 끼어들지 말자. 관여하는 순간 지저분한 함정에 빠지고 말 것이다. 타인을 험담하지 말고 그 험담을 퍼뜨리는 일도 하지 말자. 선량하지만 유약한 사람이 되지 않는 것, 그것은 오로지 내 선택에 달렸다.

나이 많은 사람들이 나쁘게 변한 게 아니라
원래부터 나빴던 사람이 나이가 들어 버린 건지도 모르겠다.

어쩌다 보니 세월은 속절없이 흘러버렸고
당차게 품었던 꿈을 실현하지 못했다는 사실에 화가 나서
엉뚱한 곳에 화풀이하는 건 아닐는지.

무기력한 직장생활이 가져오는 결과

직장인들의 퇴근 후 모습은 비슷비슷하다. 사람들을 만나 저녁을 먹거나 집에 돌아가 밀린 집안일을 하기도 하고 스마트폰으로 영상을 보거나 인터넷 쇼핑을 한다.

직장인은 출근을 위해 현관을 나선 다음 퇴근 카드를 찍기까지 하루에 짧게는 여덟 시간, 길게는 열한 시간을 일터에서 보낸다. 일하는 시간이 다른 활동에 비해 훨씬 큰 비중을 차지하는 셈이다. 그래서 개인 시간이 훨씬 소중하게 느껴진다. 집에 돌아와 사회에서 받았던 스트레스를 내려놓는 순간, 개인적인 용무를 처리하는 순간, 심지어 집안일을 하거나 친구들을 만나 함께하는 순간이 모두 소중한 것도 그 때문이다.

그렇다고 여가 시간을 지나치게 '익사이팅'하게 보내면 업무에 차질이 생기고 몸이 힘들어진다. 그게 오래되면 일에 영향을 주고 '몸은 일터에 있지만 마음은 콩밭에 가 있는' 상황이 벌어진다. 동료와 상사들은 그런 나의 상태를 누구보다 빨리 알아챈다.

심각한 상황이 되면 상사는 나를 '감원' 리스트 1순위에 올려놓을 수도 있다. 직장에서는 지위에 상관없이 나를 지켜보는 사람이 사방에 존재한다. 무표정하고 무기력한 나를 사람들이 그냥 지나갈 리 없다.

그래서 일하는 시간과 개인의 시간을 효과적으로 분배하고 관리해야 한다. 균형을 잃고 개인 시간에 치우쳐버리면 돈은 돈대로, 시간은 시간대로 낭비하게 된다. 외모를 꾸미기 위해 끊임없이 쇼핑을 해야 하고 친구들과 여기저기 놀러 다녀야 한다. 그러다 보면 월급은 눈 깜짝할 사이에 바닥을 보인다.

퇴근 후의 생활이 중요하긴 하지만 그것이 주가 되어서는 안된다. 낮에 내가 몸담은 직장은 부업으로 다니는 곳이 아니다. 가장 중요하게 생각해야 할 나의 본분이다.

월급 도둑의 최후

일에 열정을 쏟지 않는다면 월급은 그저 시간을 때워서 받아낸 결과물이 된다. 어느 정도는 그럭저럭 버틸 수 있겠지만, 그런 업무 태도와 생각은 탄로 나게 되어 있다. 상사가 모두 지켜보고 있기 때문이다. 나이가 들어도 일에 대한 열정이 식지 않으려면 일터에서 무기력하게 시간만 때워 보려는 생각을 버려야 한다.

그저 편안하게, 무탈하게 보내는 것이 좋은 것이라는 생각으로 직장을 다니면 나중에 더 큰 대가를 지불하게 된다. 돈도 체력도 점점 바닥난다. '내일 일은 내일 걱정하면 그만'이라고 외치며 저금도 하지 않고 노는 데 흥청망청 돈을 쓰다가는 후회에 몸서리치게 된다. 일단 자신의 시간 관리에 문제가 있다는 걸 인식하는 순간, 이미 돌이킬 수 없을 만큼 먼 길을 와버린 건지도 모른다.

회사의 인사 조정이 시작되면 그때 비로소 자신이 돈만 받고 일은 하지 않았던 '월급 도둑'이라는 걸 깨닫는다. 일자리를 잃고 난 후에 일터에서 늘 무기력했던 자신을 탓해봤자 소용없다.

그래서 직장에 다니는 이상 어떻게든 시간만 때우면 돈은 벌 수 있다는 생각을 버려야 한다.

건강한 매일이 모여
건전한 인생이 된다

●●

업무 스트레스를 풀어주는 건 확실히 필요하다. 그렇지만 그걸 위해 비이성적인 소비를 일삼는다면 모아둔 돈은 금세 바닥나게 될 것이다. 혼자 밥 먹는 게 외롭고 고단해서 계속 누군가를 만나고 약속을 잡지만, 그렇다고 그들을 만나 건설적인 이야기를 하는 건 아니다. 그저 상사와 동료에 대한 험담, 회사에 대한 불만 등에 관한 애기가 전부다.

물론 퇴근 후에 가끔 친구들을 만나 가벼운 식사 자리를 가지는 것은 전혀 문제가 되지 않는다. 하지만 혼자 충분히 쉬는 시간을 가지지 않거나 개인적인 용무를 처리하지 않은 채 늘 자신을 '소모'하며 모임을 만들고 만남을 가진다면 그 대가는 상상하는 것보다 훨씬 크다. 그보다는 집에 돌아가 따듯한 물로

샤워를 하고 가족 혹은 배우자와 마음속 대화를 나누는 것이 낫다. 혹은 혼자만의 조용한 공간에서 시간을 보내는 것도 좋은 방법이다. 어쨌든 다음날 다시 출근해야 하고 그것이 주요 수입원인 것은 부정할 수 없기 때문이다.

시간 관리는 중요하다. 영양가 없는 관계는 시간과 체력, 돈만 갉아먹을 뿐이다. 하루하루를 어떻게 계획하고 보내느냐에 따라 인생이 달라진다. 삶은 매일이 모여 만들어지는 것이기 때문이다.

퇴근 후의 생활이 중요하긴 하지만
그것이 주가 되어서는 안 된다.
낮에 내가 몸담은 직장은
부업으로 다니는 곳이 아니다.

가장 중요하게 생각해야 할 나의 본분이다.

'아무거나'라고 말하다가 '아무것도 아닌' 사람이 된다

직장생활을 하다 보면 '선택 장애'를 가진 동료를 꼭 만난다. 그들은 '아무거나', '나는 다 좋아'라는 말로 모든 대답을 대신한다. 작게는 점심 메뉴를 정하는 일부터 크게는 보고서를 쓰는 일까지. 그 '지시'를 이행해야 하는 사람의 입장에서는 달갑지 않다. 대답은 들었지만, 아무것도 결정된 게 없기 때문이다. 그래서 실질적인 진전이 없다. 그들의 태도는 겉으로는 유순한 듯 보이지만, 결국 본인의 발언권과 결정권을 포기한 것과도 같다.

'아무거나'라고 말하는 사람들은 두 부류다. 정말 아무런 생각이 없거나 자신감이 부족한 경우다. 그들은 뭐든지 다른 사람의 도움을 받으려 하고 사사건건 다른 사람의 결정을 따르려고 한다. 아무리 작은 일도 다른 이의 의견을 묻는다. 자신을 믿지 못하는 것도 있지만 동료나 상사에게 밉보이고 싶지 않기 때문이다. 그래서 자꾸만 '안전한 패'를 내놓으려고 한다. 그들은 다른 사람의 것을 침범하지도 않지만, 절대 본인이 손해 보는 일도 하지 않는다. 업무적으로는 앞에 나서는 걸 꺼리며 자기 의견을 잘 드러내지 않는다. 그렇다고 특별히 독립적으로 행동하는 것도 아니다.

그와는 반대로 자기주장을 올곧게 펼치는 사람들도 있다. 그들은 본인과 동료들이 앞을 향해 나갈 수 있도록 용기를 북돋아 준다. 아이디어가 생기면 행동과 말로 표현하고, 반대의견도 스스럼없이 제시해 동료들이 사태를 빠르게 파악하고 원만하게 미션을 완수할 수 있도록 돕는다. 하지만 직장에서는 이런 주도적인 역할을 하는 사람들에게 종종 '기가 센', '어울리기 어려운', '까다로운' 등의 부정적인 형용사가 잘 따라붙는다. 그러면 이내 사람들은 그가 자신의 발언권을 빼앗는다고 생각하며 심지어 '나대기 좋아하는 사람'이라는 꼬리표를 붙인다.

비양심적인 동료들의 특징

●○

매사에 '아무거나'라는 태도로 임하는 동료와 함께 일하는 것도 힘들지만 '숟가락 얹기' 좋아하는 사람과 일하는 건 더 참기 힘들다. 그들은 모든 결정을 다른 사람에게 떠넘긴 후에 일이 잘 풀리면 슬며시 거기에 자기 공로를 더한다. 그런데 일이 뜻대로 풀리지 않으면 가장 먼저 발을 빼고 앞에서 이끌어간 사람에게 손가락질한다.

계속 '수동적인 결정'을 하는 사람에게 상사는 중책을 맡기지 않는다.
애매하게 행동하는 사람에게는 교묘하게 '펀치'를 날려주어야 한다.

직장에서는 '착한 사람'이 손해 보는 경우가 많다. 발언권을 자주 빼앗기기 때문에 나쁜 상황이 벌어지면 그걸 떠맡는 경우가 다반사다. 심지어 성과를 내고도 다른 사람의 공로로 돌아가는 걸 눈 뜨고 지켜봐야 한다. 그러니 '아무거나'라고 말하는 동료와 일하게 되었다면 '당근과 채찍'을 적절히 활용할 줄 알아야 한다. 중요한 일에 관해서는 그들이 직접 결정을 내리도록 해야 하며, 때에 따라 그들의 모호한 태도에 불쾌함과 난색을 표현해 주어야 한다. 이러한 방법으로 그들이 권리와 책임의 경계를 분명히 알도록 해야 하며, 이로써 억울한 누명을 뒤집어쓰는 일이 없도록 해야 한다.

'아무거나' 인생은
쉽게 대체된다

상사나 인사팀 눈에 '뭐든지 OK'라고 말하는 사람은 주관이 없고 자기 입장을 설명할 담력이나 생각이 없는 사람으로 보일 수 있다. 또한 그런 사람들은 팀을 이끌어 나가거나 자기 의견을 펼칠만한 능력이 없다고 판단될 수 있으므로 리더의 자리에 올라가는 건 무척 힘든 일이 될 수 있다.

무심코 '나는 다 괜찮아'라고 말하는 습관이 상사의 귀에 들어가면 앞으로의 승진 기회를 다른 사람 손에 넘겨주는 꼴이 된다. 직장인이라면, 어른이라면 내 말과 행동에 책임을 질 줄 알아야 한다. 내 미래는 스스로 만들어 나가는 것이다. 다른 사람이 해주는 말과 결정은 어디까지나 '참고용'이라는 걸 기억하자.

관찰력을 기르고 예민함을 기르자. 다른 자원으로 쉽게 대체되고 싶지 않다면 생각 없는 사람처럼 '아무거나'라고 말하지 않도록 조심해야 한다.

'아무거나'라고 말하는 동료와 일하게 되었다면
'당근과 채찍'을 적절히 활용할 줄 알아야 한다.
중요한 일에 관해서는 그들이 직접 결정을 내리도록 해야 하며,
때에 따라 그들의 모호한 태도에
불쾌함과 난색을 표현해 주어야 한다.
이러한 방법으로 그들이 권리와 책임의 경계를
분명히 알도록 해야 하며,
이로써 억울한 누명을 뒤집어쓰는 일이 없도록 해야 한다.

연봉 인상보다
더 중요한 것

연봉 협상은 고도의 심리전이다. 직장을 오래 다닌 사람에게 도 힘든 건 매한가지다.

외국계 기업에서 2년 동안 근무한 S는 업무 실력이 뛰어났지 만, 협상 능력은 다소 떨어졌다. 독립 5년 차에 접어들면서 그 녀는 경제적으로 많은 부담을 느꼈다. 치솟는 물가 탓에 월세와 생활비를 감당하는 것도 만만치 않았다.

그녀는 사측과 연봉 인상에 관한 협상을 하는 방법에 관해 내게 몇 번이고 물어왔고, 나는 그때마다 친절하게 대답해 주었 지만, 사실 그녀는 실천하지 못했다. 그러다가 며칠 밤을 지새

워 장장 세 페이지에 달하는 '보고서'를 작성했다. 그동안 회사를 위해 본인이 얼마나 기여했는지, 본인의 장점은 무엇인지 등의 내용이 담긴 보고서였다. 그렇지만 그녀는 그걸 쓰고 나서도 상사와 인사팀에 연봉 인상에 관해 입도 뻥긋하지 못했다.

결국 그녀는 직속 상사에게 첨부 파일로 보고서를 첨부해 이메일을 보냈다. 그러나 상사는 메일을 열어보고도 일언반구 하지 않았고, 오히려 그녀에게 더 많은 업무를 지시했다. 하루는 그녀가 용기를 내서 상사를 찾아가 메일 내용을 확인했는지 물었다. 상사는 못마땅한 눈으로 그녀를 쳐다보며 그렇다고 했지만 그다음에는 아무 말이 없었다. 그녀가 먼저 연봉 얘기를 꺼내 스스로 쟁취해야만 하는 상황이 되었다. 그런데도 그녀는 다른 얘기만 빙빙 돌려서 하다가 결국 기회를 놓치고 말았다.

협상 전에 그녀는 자신이 얼마만큼의 돈을 받을 가치가 있는지, 얼마만큼의 복리를 누릴만한지 객관적으로 분석하고 점검했어야 했다. 핵심이 빠진 긴 '설명서'만 전송해 놓고 아무 말도 하지 않았으니, 상사는 그녀의 의중을 파악하기 힘들었다. 퇴사를 하고 싶다는 건지, 연봉을 올려달라는 건지 알 수가 없다.

기억하자. 향후 커리어 관리를 위해서는 연봉 협상에 대한 두려움도 잘 극복해야 하지만, 그보다 먼저 상사보다 나의 장점을 더 잘 파악하고 있어야 한다. 긴장되는 마음에 자신의 생각을 잘 말하지 못하면 오히려 그 협상은 안 하느니만 못한 꼴이 된다. 피차 시간만 낭비하고 이후에 더 난처한 상황이 벌어질 것이다.

나의 권익과 나의 가치는 내가 제일 잘 알고 있어야 한다.
연봉 협상의 자리가 편한 건 아니지만,
그렇다고 너무 긴장하고 불안해할 필요는 없다.

연봉 인상이나 승진에 관한 면담을 하고 싶다면 사전 준비가 필요하다. 먼저 내 능력과 실력은 어떤 수준인지, KPI 등 지표에서 믿을만한 평가를 받았는지 등을 점검해 보자. 회사에 몸담은 구성원으로서 내 자리에서 기업의 발전을 위해 마땅한 공헌을 해야 하며 앞으로도 긍정적인 가치를 창출할 수 있어야 한다. 중요한 건 상사보다 나를 더 잘 파악하고 있어야 한다는 점이다. 그렇지 않으면 연봉 협상의 자리가 아니라 지나온 직장생활을 회고하고 반성하는 자리가 될지도 모른다.

연봉 협상 자리에서 승기 잡기

연봉 협상을 할 때는 곧바로 대화의 자리를 만드는 것보다 먼저 생각을 정리한 파일을 만들어 이메일로 전송하는 것이 좋다. 또한 협상을 할 때는 간단명료하게 말하는 게 중요하다. 이로써 내게 '유리한 조건'을 만들어야 한다. 제한된 시간 안에 그동안의 내 '공헌'과 '특별한 능력'을 깔끔하게 설명해야 한다. 중언부언 말이 많아지는 순간 자신 없는 모습으로 비춰질 수 있다. 아무리 중요한 내용이라도 두세 번 반복해서 말하지 않도록 한다.

간단한 말로 내 생각을 전달하는 것도 중요하지만 시종일관 자신감 있는 모습을 보여야 한다. 웅얼거리거나 말끝을 흐리지 않도록 조심하자. 또 주의해야 할 점은 상사가 비교적 한가할 때, 시간적 여유가 있을 때 찾아가야 한다. 회의가 연달아 있는데 그사이에 찾아가면 내 생각을 제대로 말할 수 없을뿐더러 시간에 쫓긴다는 압박감 때문에 승산을 노리기 어렵다. "그 얘기라면 다음에 다시 하지."라는 대답을 듣고 돌아와야 할지도 모른다.

내가 원하는 바를 정확하게 제시하는 것도 아주 중요하다. '급하게 돈이 필요해서', '개인적으로 지출이 많아져서' 등을 연봉 인상의 이유로 들어서는 안 된다. 사실 '연봉을 인상해 줘야만 나를 붙잡을 수 있다'는 일종의 '협박성' 메시지를 전달해야 한다. 상사의 입장에서는 내가 내놓는 조건을 회사에 제시하고 설득해야 하는 게 어렵기도 하지만, 자칫 잘못했다가는 내가 '엄살'을 부리고 있다고, 조금 더 관심을 기울여 달라고 떼쓰는 것이라 오해하기 쉽다. 그러므로 내가 어떤 가치를 지닌 사람인지, 왜 회사는 이런 나를 붙잡아두어야만 하는지 등을 재빠르게 설명하고 이해시켜야 한다. 이것이 성공적인 연봉 협상을 위한 가장 효과적인 방법이다.

인생의 레이스를 전환하는
터닝 포인트

사실 우는 아이에게 사탕을 하나 더 쥐여주는 게 맞다. 순조로운 연봉 협상과 진급, 성공적인 이직이나 구직의 핵심은 나의 요구를 얼마나 용감하게 전달했는지, 내가 가진 '패'를 얼마나 협상에 잘 활용했는지에 달렸다.

만일 원하던 대로 협상이 잘 이뤄지지 않았다면 불발의 이유를 잘 생각해 봐야 한다. 과연 내 능력과 가치는 어느 만큼인지 냉정한 평가와 분석이 필요하다. 이직을 할 때도 내가 원하는 게 더 많은 월급인지, 아니면 커리어 개발인지를 분명히 생각해 봐야 한다. 그리고 무엇보다 직장을 옮기는 것이 장기적인 커리어에 도움이 될지 아닐지를 계산해 봐야 한다.

내가 가진 전문성과 장점, 남들과는 구별되는 장기가 무엇인지 정확히 알 때 비로소 기회를 잡을 수 있다. 이는 비단 연봉 협상뿐 아니라 인생의 '레이스'를 전환할 때도 유용하다. 그러니 중요한 순간이 올 때마다 나의 장점과 그동안의 커리어를 정리하고 돌아보는 시간을 가져야 한다. '나'라는 사람을 세상에 단 하나뿐인 '브랜드'로 만들어서 상대방에게 '내가 아니고서는 안 되는' 상황을 만들어줘야 한다.

지금 어떤 위치에 있든지 먼저 나의 전문성과 가치, 장점을 잘 판단하고 점검하자. 그런 다음 연봉 협상을 위해 테이블로 나아가자.

과거는
현재와 관통한다

우리는 미디어 시대에 살고 있다. 보통 이 시대의 사람들이 상대적으로 오프라인 세상에 적응하는 걸 더 힘들어한다고 하는데 왜 그럴까?

지금은 모든 정보가 투명하게 공개되는 시대다. 사람들은 자연스럽게 본인의 SNS에 '출근 도장'을 찍으면서 아침을 시작한다. 어딜 가든 사진과 영상을 찍는 것이 습관이 되었다. 눈에 거슬리는 사람이 있으면 곧바로 온라인상에 악플을 남기고 심지어 거짓 루머를 만들어 유포하기도 한다. 이렇게 사라지지 않는 기록이 생겨나고 관련 정보는 인터넷 검색 엔진이나 포털 사이트에 '박제'된다. 보이지 않는 공간에서 사람들은 잔인하게 서로를 공격하며 피를 흘린다.

사실 모든 기업마다 신입 사원들에게 정식 합격 통보를 보내기 전에 일종의 '신상 평가'를 진행한다. 공정하고 엄격한 '심판관'의 역할은 인사팀 담당이다. 코로나19 바이러스로 전 세계가 팬데믹의 고통에 빠지면서 사람 간의 접촉이 제한되자 수많은 회사가 온라인에서 면접을 진행하는 비대면 형식으로 전환했다. 그리고 개개인에 대한 '배경 조사'는 면접자가 모르는 사이에 암묵적으로 이뤄졌다.

이제는 SNS에 게시했던 사진이나 글, 그 텍스트 뒤에 숨은 의도 등이 모두 신원 조사의 근거 자료가 된다. 현재 점점 더 많은 기업과 브랜드가 이러한 형태의 '온라인 심사' 제도가 개인의 인성과 능력을 평가하는 데 많은 도움이 된다고 말한다.

이제 우리는 과거가 더는 지나간 시간이 되지 못하는 시대에 살고 있다. 과거는 오히려 우리의 뒤를 바짝 붙어 다닌다. 출신 학교나 경력, 졸업사진 말고도 인터넷에는 개인에 관한 여러 정보가 복합적으로 존재한다.

몸담은 업계에서 조금만 유명해져도 경쟁자는 그와 관련한

'흑역사'를 찾아내 인터넷에 배포한다. 과거에 했던 부정적인 발언, 복잡한 이성 관계 등 약점이 될 만한 모든 것을 찾아내 하루아침에 한 사람을 완벽하게 무너뜨린다.

정식 출근도 하기 전에
더럽혀지는 이름

●○

과거에 저지른 실수는 어쩔 수 없다. 이제 와서 아무리 해명을 한다고 해도 도움이 되진 않는다. 그저 변명으로만 들릴 뿐이다. 덮을 수 없는 과오라고 해서 연연하거나 그것을 빌미로 타인의 무리한 요구나 협박에 끌려다닐 필요는 없다. 그저 지금의 자리에서 내게 주어진 의무와 본분을 성실히 이행하면 그만이다. 그리고 더욱 강인하고 용감한 마음을 가지도록 단련하면 된다. 악의적인 비방과 소문 탓에 괴로워도 그 상처를 마음에 새기고 다시는 같은 실수를 반복하지 않도록 교훈으로 삼으면 된다.

요즘은 우수한 인재인데도 면접 후 바로 '낙방'하는 경우가 다반사다. 심지어 기업들의 '영원한 블랙리스트'에 이름을 올리는 경우도 있다. 여러 원인이 있지만 대표적인 이유가 거짓으로 위조한 자료 때문이다. 학력 위조, 추천인 조작, 면담 내용 불일치 등이 그것이다. 한 유명 기업은 SNS에 남겨진 개인의 편집적인 이미지, 선정적인 사진 등을 철저하게 검열하는 편이다.

잘 모르는 낯선 사람이라고 해도 그들은 단 한 번의 인터넷 검색이나 지인을 통해, 혹은 나의 이전 동료나 같은 업종의 파트너를 통해 나에 관한 정보를 얼마든지 알아낼 수 있다. 아름다운 미래를 꿈꾼다면 부끄러운 과거를 남기지 않도록 조심하자. 심혈을 기울여 준비한 이력서가 휴지 조각이 되어 쓰레기통에 버려지지 않게 하려면 무심코 저지른 행동으로 누군가에게 상처를 남기지 않도록 해야 한다.

온라인 세상은
나를 주시하는 또 다른 얼굴이다

●●

과거에 발목을 잡히지 않으려면 지금부터라도 온라인이라

는 '가상 세계' 속에서의 나를 관리해야 한다. 말 한마디, 행동 하나를 한 번씩 더 생각해 보고 게시해야 한다. 누구라도 하루 아침에 미래가 무너질 수 있다. 사람들이 씹어댈 '이야깃거리' 를 만들어 주지 않는 편이 좋다. 그로 말미암아 치러야 할 대가 는 우리의 생각보다 훨씬 크다.

소위 '디지털 원주민' 세대로 태어났다면 더 조심해야 한다. SNS와 같은 미디어에 긍정적인 개인 이미지를 만들어야 한다. 긍정적인 일상을 사람들과 공유하고, 증명되지 않은 사실에 함 부로 비판 혹은 지지성 댓글을 달지 않아야 한다.

나의 댓글 하나, 게시 글 하나가 계기가 되어 악성 범죄가 일 어날 수도 있고, 사람들 사이에 오해를 불러일으킬 수도 있다. 나도 모르는 사이 온라인에서 저질렀던 실수 때문에 면접 단계 에서 '저지'당한다면 해명할 기회도 없을뿐더러 대체 왜 구직 활동에 반복적으로 실패하는지 알 길이 없어 답답할 것이다.

직장에서 사람들에게 따돌림을 당하거나 오명을 뒤집어써서 도 한동안은, 어쩌면 오랫동안 해결할 수 없으므로 힘든 나날을 보낼지 모른다. 과거에 내가 남긴 어떤 기록으로 타인이 나를 바라보는 시선이 달라질 수 있다. 그러니 지금 이 순간에도 말과 행동을 신중히 해야만 한다. 무릇 언행을 삼가는 일은 비단 내 눈앞의 상대를 존중하는 행동일 뿐 아니라 나에 대한 존중이기도 하다. 다른 사람 눈에 내가 어떤 모습으로 기억될지는 오프라인과 온라인, 두 세상에서의 행동거지에 달렸다고도 할 수 있다.

과거에 발목을 잡히지 않으려면 지금부터라도
온라인이라는 '가상 세계' 속에서의 나를 관리해야 한다.
말 한마디, 행동 하나를 한 번씩 더 생각해 보고 게시해야 한다.
누구라도 하루아침에 미래가 무너질 수 있다.
사람들이 씹어댈 '이야깃거리'를 만들어 주지 않는 편이 좋다.
그로 말미암아 치러야 할 대가는 우리의 생각보다 훨씬 크다.

꿈과 현실, 그 사이에 있는 우리

꿈이 인생의 최우선 순위지만 막상 현실은 궁핍하고 괴로운 사람들이 많다.

물론 우리는 꿈을 꿔야 한다. 하지만 꿈만 꾸고 아무것도 하지 않으면 인생에 남는 건 아무것도 없다. 하루 벌어 하루 먹고 사는 인생이라 무엇 하나 제대로 방향을 잡지 못한 채 곤궁한 현실에 허덕여야 한다.

특히나 실력을 쌓아야 할 청춘의 나이에 과도한 '나르시시즘'에 빠지면 자신을 고인 물에 가둘 수 있으므로 많은 기회를 놓칠 수 있다. 꿈만 꾸면서 아무런 노력도 하지 않고 고생은 죽었다 깨어나도 하기 싫어하는 사람들은 사회가 불공평하다며 불평한다. 상사와 회사가 자기만 차별한다고 말하며 고비와 역경 앞에서 이내 손을 들어 버린다. 꿈은 꾸지만 그 근처에는 가보지도 못하고 쌀독에 쌀이 떨어지는 걸 눈앞에 보고도 서서히 굶어 죽는 것이다.

인생에서 가장 상환하기 힘든 이자는 바로 '시간'이다. 서른의 문턱을 넘으면서 현실을 직시하면 청춘에 대한 자신감이 사라진다. 한 살이라도 더 젊을 때 조금 먼저 땅을 일구고 씨앗을 뿌리면 조금 더 일찍 수확의 기쁨을 누릴 수 있다. 그렇지만 현실을 무시하고 지나치게 꿈만 좇다 보면 눈덩이처럼 불어난 시간이라는 이자 앞에 속수무책으로 무릎을 꿇을 수밖에 없다.

가장 좋은 나이에
우리가 해야 할 일

●○

갓 대학을 졸업한 졸업생들에게 가장 큰 꿈은 더 많은 세상을 여행해 보는 것이다. 다른 나라에서 공부하면서 돈을 벌 기회가 온다면 다들 두 손 들고 환영한다.

하지만 꼭 해외 유학을 다녀와야만 더 좋은 대우를 받고 더 좋은 기회가 찾아오는 건 아니다. 지금 내 삶의 태도가 삶의 방향을 결정하고 직장에서의 위치를 결정한다. 어떤 곳을 향해 걸어가는지는 오늘의 내가 결정한다.

내가 현실에서 도피하면 현실도 내게 똑같은 대우를 해준다. 인생은 지독하게 공평하고 또 공정하다.

일하기 가장 좋은 나이, 꿈꾸기 가장 좋은 나이에 커리어를 위해, 내 인생을 위해 계획을 세워야 한다. 먹고 놀기에만 바쁘고 그저 되는대로 시간을 흥청망청 사용하면 후회만 남을 뿐이다. 일단 청춘이라는 '본전'을 다 써버리면 갚아야 할 이자는 상상 이상으로 늘어난다. 지금 구직의 길이 너무 험난하다면 혹시 내가 꿈꾸는 삶과 현실 사이에 격차가 너무 큰 건 아닌지 돌아볼 필요가 있다.

좋아하는 일을 찾기 전에
실력을 갖추자

● ◦

'당신은 최고를 누릴 가치가 있다'는 카피 문구는 많은 사람의 마음을 움직인다. 하지만 그것도 경제적인 조건이 전제되어야 한다. 내가 원하는 삶을 누리려면 일단 수입이 있어야 한다. 수입 없이 꾸는 꿈은 그저 망상에 불과하다. 돈은 그래서 잔인하리만큼 현실적이다. 경제적인 기반이 생긴 후에 비로소 꿈에 관한 본전이 생기고 그것을 실천할 수 있다. 꿈을 가능하게 하려면 먼저 실력을 갖춰야 하지만 경제적인 조건도 뒷받침되어야 한다.

세상의 성공한 많은 사람이 꿈을 향해 가는 과정에서 일을 하며 돈을 벌었다. 쉬지 않았다는 얘기다. 더 높은 경지에 있는 사람들은 꿈을 직업으로 삼기도 했다. 하지만 그런 행운이 모든 사람에게 주어지는 것은 아니다. 우리는 꿈을 이루기 전에 먼저 방향을 잡아야 한다. 헛된 꿈을 꾸며 허공에 씨를 뿌리지 않으려면 현실을 직시하고 계획을 잡아야 한다. 그래야 한 걸음씩 꿈을 향해 나갈 수 있다.

꿈을 실현하는 가장 효과적인 방법은 바로 지금 일터에서 열심히 일하는 것이다. 꿈을 이루겠다고 아무런 계획 없이 무턱대고 일을 그만두는 일은 없어야 할 것이다.

인생에서 가장 상환하기 힘든 이자는 바로 '시간'이다.
서른의 문턱을 넘으면서 현실을 직시하면
청춘에 대한 자신감이 사라진다.

한 살이라도 더 젊을 때 조금 먼저 땅을 일구고 씨앗을 뿌리면
조금 더 일찍 수확의 기쁨을 누릴 수 있다.

신입을 위한
몇 가지 쓴소리

한 직장 안에서 함께 일을 하는 사람들은 저마다 다른 성장 배경을 지녔다. 각기 다른 배경을 가진 사람들이 한곳에 모여 일하는 만큼 어울리는 건 쉽지 않다. 이제 막 회사에 들어온 신입 사원의 경우 대화의 기술만 잘 익혀도 편안한 회사 생활에 도움이 된다.

회사에 처음 들어가서 해야 할 일은 주변 사람들을 파악하고 세심하게 분위기를 살피는 것이다. 누가 그곳의 리더이고 의사결정권은 누구에게 있는지, 절대 밉보여서는 안 되는 '키 맨key man'은 누구인지 등등을 살피는 것이다. 게임의 규칙을 조금만 익히면 회사 생활이 어느 정도 편해지고 원하는 대로 꿈을 펼치며 일할 수 있다.

홍콩 영화 <무간도>에 나오는 명대사처럼 "환경은 사람을 바꾸지만, 사람은 환경을 바꾸지 못한다." 새로운 회사에 들어가면 먼저 그 환경에 적응하고 걷는 템포를 조정해야 한다.

'No. 2'의 신임을 얻어라

한 번은 기획팀의 젊은 팀장과 식사를 하게 되었다. 그는 늘 업무에 관해 큰 포부를 지닌 사람이었다. 실력도 좋아서 촉망받고 있었다. 그런데 근황 얘기를 하다가 그의 고민을 듣게 되었다.

"왜 그런지 모르겠는데 항상 초과 근무를 하게 돼서 인사팀에서 메일이 날아와. 요즘에는 비서랑 행정팀이 그룹장 면담을 자꾸 저지하는 느낌이 들어. 혹시 내가 모르는 큰 실수를 한 건 아닌지, 뭔가 잘못되어 가고 있다는 느낌이야."

업무적으로는 누구보다 열심이고 전문성 있는 그였지만 인간관계만은 어쩔 수 없는 모양이었다. 속수무책이라는 그의 표정을 보니 안타까운 마음이 들었다.

일을 저지하는 핵심 인물,
내 등에 칼을 꽂는 사람은
종종 평소에는 중요하게 생각하지 않았던 사람일 때가 많다.

일을 하다 보면 아주 작은 실수나 흠집이 발목을 잡는 경우가 많다. 아무리 우수하고 능력이 뛰어난 사람이라고 해도 직장 내 '라인'을 잘 알지 못하면 오직 개인만의 실력으로 두각을 드러내긴 어렵다. 오히려 적수를 더 많이 만드는 셈이 된다. 특히 '키 맨'에게 밉보였다가는 얻는 것보다 잃는 게 훨씬 많아서 일을 할수록 실패로 돌아가는 게 많다.

직급은 중요하지 않다

●●

어떤 직장이든 정의감에 불타는 마음을 지닌 신예들이 있다.

불의를 보면 앞장서서 '정의의 지팡이'를 휘두르며 상황을 바로 잡으려고 하지만 자칫 잘못했다간 다른 사람 눈에는 '출세하고 싶어 안달 난' 모습으로 비칠 수도 있다. 일단 그런 사건이 생기면 평소 나를 시기하고 질투하던 사람들이 큰불이 일어나도록 기름을 붓는다. 그때가 되면 경솔하게 행동했던 자신을 탓하는 것 외에는 달리 방법이 없다.

조직에서 아무리 의지할 만한 '큰 산'이 있다고 할지라도 '키맨'을 조심해야 한다. 평소에는 별말 없이 점잖게 행동하는 사람들일지 모르지만, 그렇다고 그것이 그들의 지위가 약하거나 파워가 없다는 뜻은 아니다.

'키 맨'은 보통 특별히 드러나는 직책이나 직위를 맡지 않는다. 하지만 그들은 회사 대표와 초창기부터 함께한 멤버일 수도 있고, 주요 임원들의 참모일 수도 있다. 심지어 대표의 절친한 친구일지도 모른다. 겉으로 드러나는 중책은 아니지만 상상 이상의 영향력을 가진 사람들이기 때문에 일단 그들에게 밉보였다가는 회사 생활이 영영 힘들어질 수 있다.

조직 내 심복과 인연을 만드는 법

●○

　기업 오너는 늘 바빠서 인사와 관련한 일을 세세히 신경 쓰기 어렵다. 그래서 항상 믿을만한 '심복'을 조직 안에 심어둔다. 이를 통해 회사 경영을 관리 감독하고, 각 부서의 관리 상태를 파악한다. 그들의 임무는 회사를 '관찰'하고 그것을 오너에게 '보고'하는 것이다. 그런 면에서 특별히 조심해야 할 사람들은 부서의 비서들이다. 그들이 '심복'이나 부서 운영의 핵심 역할을 맡고 있을 가능성이 크기 때문이다.

　입사 후 3개월 정도까지는 존재감을 드러내기 위해 크게 애쓰지 않아도 된다. 그보다 맡은 일을 잘 처리하는 것이 중요하다. 그것이 바로 조직 내 'No. 2'들의 신임을 얻는 길이다. 영향력 있는 동료와 원만한 관계를 유지하는 것, 그 역시 업무를 효과적으로 처리하고 회사 생활을 오래 할 수 있는 비결 중 하나다.

조직에서 아무리 의지할 만한
'큰 산'이 있다고 할지라도 '키 맨'을 조심해야 한다.
평소에는 별말 없이 점잖게 행동하는 사람들일지 모르지만,
그렇다고 그것이 그들의 지위가 약하거나
파워가 없다는 뜻은 아니다.

세상은 좁고
아는 사람은 많다

직장에서 한순간에 욱하는 감정에 거친 말을 내뱉거나 지키지도 못할 약속 같은 걸 하지 않도록 조심하자. 그것은 자신을 막다른 길로 몰아가는 것과 다름없다.

편집장으로 일하는 친구 현아는 5년 동안 몸담았던 회사를 그만둘 예정이라고 했다. 이번에 새로 바뀐 상사 C 때문이었는데 사실 C는 몇 년 전 일했던 회사에서 그녀 밑에 있던 부하 직원이었다. 워낙 실력이 출중해서 사람들에게 일찌감치 인정을 받았었는데 이번에 대표의 눈에 들어 현아가 있는 곳으로 스카우트 된 것이었다.

C의 사수로 근무했던 예전 회사에서 현아는 위기의식을 느꼈다. 그래서 사적인 자리에서 C에 관해 안 좋은 소문을 퍼트리고 다녔었다. 하지만 끝내 고통을 받은 건 그녀 자신이었다. 사람들은 그녀가 속 좁고 이기적이라고 수군거렸다. 이런 소문이 계속 퍼지자, 그녀는 결국 C에 관한 증오를 품은 채 사직서를 던졌다. C가 가만히 있었던 건 그녀가 무섭거나 두려워서가 아니었다. 그저 누군가와 싸우며 신경전을 하는 게 귀찮았던 것뿐이었다.

세상은 우리가 생각하는 것보다 훨씬 좁다. 업계는 말할 것도 없다. 새로 부임한 C는 얼마 지나지 않아 본인이 관리하는 팀에 사수였던 현아가 있다는 사실을 알게 되었지만, 별다른 말을 하지 않았다. 하지만 둘은 원만하게 지내지 못했다. 현아가 결재 서류를 제출하면 C는 번번이 반려했다. 악감정이 있어서라기보다는 정말로 수정해야 할 부분이 많았기 때문이었다. 하지만 그녀는 억울했다. 사내 괴롭힘이라고 생각하고 회사 대표를 찾아가 투서를 제출했다. 그러나 그녀에게 돌아온 건 심한 꾸지람이었다. 능력 부족으로 생긴 일을 남 탓으로 돌린다는 것이었다. 결국 속이 좁은 건 다시 그녀가 되었고, 회사를 떠나야 하는 사람도 그녀가 되었다.

직장은 신나게
놀러 다니는 곳이 아니다

●●

직속 상사가 꼴 보기 싫어 '대들고' 싶다면 먼저 내가 '기댈 언덕'은 어디인지 생각해 보자. 만일 아무것도 없다면 방법은 하나, '이직'이다.

처음에 현아가 조금만 더 마음을 넓게 가지고 부하 직원을 보듬어주었다면 어땠을까? 지금은, 혹은 일찍이 둘은 좋은 파트너가 될 수 있었을까? 어쩌면 두 번째 직장에서 만났을 때 더 기뻐하고 반가워하면서 시너지 효과를 냈을지도 모른다. 업계에서 오명을 남기면 잃는 게 너무 많다는 걸 기억하자. 직장에서 꼭 친구를 사귈 필요는 없지만 그렇다고 적을 만들 이유도 없다.

똑같은 이치로 일터에서 굳이 좋은 사람이 되려고 노력할 필요는 없지만, 최소한의 원칙과 선량함은 지켜야 한다. 대인 관계에서는 최대한 중립을 지키고, 누군가에게 상처를 주거나 미움을 사는 일이 없어야 한다. 그리고 적당한 거리를 유지하는 것이 좋다. 직장에서 '악인'이 되지도 말고 악인이 파놓은 함정에 빠지지도 말자.

사람 일은 알 수 없다. 나중에 시간이 흘러 언제 어디서 다시 마주칠지 모른다. 그러니 직위나 직분을 떠나 서로 간에 인간적인 예의를 지켜야 한다. 상사든 부하 직원이든 거래처든, 심지어 아무런 이해관계가 없는 동료들에게라도 함부로 직권을 남용하지 않아야 한다. 마음을 너무 좁게 쓰면 결국 나 자신조차 그 길을 지나가지 못해 숨쉬기가 어려워질 수 있다.

인간관계는 물론
감정 관리에도 신경 쓰자

어려움에 부닥친 사람에게는 손을 내밀어줄 줄 알아야 한다. 타인에게 선량함을 베풀되, 어떤 대가나 보상을 바라지는 말자. 직위가 다르면 각자 일을 바라보고 생각하는 것도 다르다. 그러니 조금 더 융통성 있게, 탄력적으로 생각하는 연습을 하자. 일을 조금 더 순조롭게 처리하는 데 많은 도움이 될 것이다.

감정적으로 화를 내며 일을 처리하면
단기적으로는 업무에 지장을 주고,
장기적으로는 한평생 형편없는 사람이라는 오명을 뒤집어쓴다.

기억하자. 매일 회사에서 동료들과 보내는 시간이 가족, 연인과 함께하는 시간보다 훨씬 길다. 그러므로 함께 있을 때 지혜가 필요하다. 감정을 잘 통제하고 관리해야 한다. 누군가를 탓하거나 질책하지 말자. 내 성질은 내가 다스려야 한다. 매사에 좋은 사람이 되어야 할 필요는 없지만, 그렇다고 형편없는 사람이라는 오명을 뒤집어쓸 필요도 없지 않은가.

일터에서 굳이 좋은 사람이 되려고 노력할 필요는 없지만,
최소한의 원칙과 선량함은 지켜야 한다.
대인 관계에서는 최대한 중립을 지키고,
누군가에게 상처를 주거나 미움을 사는 일이 없어야 한다.

직장에서 '악인'이 되지도 말고
악인이 파놓은 함정에 빠지지도 말자.

오늘만 살아가는
당신에게

진급, 전직, 이직을 고려할 때는 단지 '임금 수준'만 봐서는 안된다. 내가 정말 원하는 꿈을 실질적으로 이뤄낼 수 있는지를 생각해야 한다. 자유로우면서 균형적인 삶을 살고 싶다면 한 살이라도 더 젊을 때 많은 경험을 하면서 실력과 영향력을 쌓아야 한다.

물론 여기에 반대의 목소리를 내는 사람들이 있을 수 있다. 그들은 말한다. "지금 일하는 것만으로도 벅찬데 좀 편하게 살면 안 돼?", "돈을 더 모으려고 매일같이 야근하라고?"

모두가 아름다운 삶을 꿈꾼다. 일은 단지 먹고 사는 문제를 해결하면 그만인 수단이었으면 좋겠다고 말한다. 일에 사로잡혀 살아가는 '노예'가 되기 싫다고 소리친다. 과연 일이 우리 삶에 얼마만큼의 비중을 차지하는 것이 옳은 것일까?

이직 후에
내게 남는 것은 무엇일까?

••

퇴사를 결심하고 이직을 고민하고 있다면 일단 현실을 직시해야 한다. 제대로 된 직장을 얻기 전까지 '편안하게' 살 수 없다는 걸 알아야 한다. 만약 모아둔 돈을 전부 써버린다면 비극적인 결말이 찾아올 것이다. 현실은 궁핍해지고 삶은 고단해진다. 급한 마음에 일자리를 찾는다고 해도 꿈과는 거리가 먼, 멀어도 한참 먼 직업을 고를지 모른다. 그럼 결국 얼마 일하지 못하고 그만둘 것이다. 너무 극단적으로 말하는 거 아니냐고 할지 모르지만, 그럴 가능성이 없지 않다. 일상을 유지할 수 있을 만큼의 돈을 남겨놓지 않는다면 출구가 막혀버린다.

물론 우리 인생에 일이 최우선 순위는 아니지만 그렇다고 경제적인 밥벌이가 없다면 삶은 우리를 천천히 잡아먹을 것이다.

무기력한 직장생활을 이어가고 있다면 내쳐지는 건 시간문제다. 그러니 능동적으로 일하는 사람이 되어야 한다. 회사에 선택권을 넘겨주어서는 안 된다. 선택권을 가진 사람이 되고 싶다면 다른 사람보다 조금 더 생각하고 조금 더 많이 일해야 한다.

먼저 행동하는 사람에게 새로운 삶이 펼쳐진다. 그렇지 않으면 직장에서 도태되고 낙오된다.

인생의 우선순위는
내가 되어야 한다

●●

직장에서 힘들지 않은 사람이 어디 있으랴. 적절한 휴식도 물론 중요하지만 '가장 돈 벌기 좋은 때'에 기회를 놓치지 않아야 한다. 실업으로, 구직 실패로 상심할 수는 있지만, 그렇다고 마냥 좌절해 있어서는 안 된다. 파도는 다시 일어난다. 두려운 마음을 버리고 기다리면 파도를 타고 올라설 기회는 반드시 온다.

만약 출장의 기회가 오면 놓치지 말자. 되도록 많은 사람을 만나 경험을 쌓고 각 산업의 핵심 트렌드가 무엇인지 분석하자. 이 모든 것이 나의 부가가치를 올리는 재료가 된다. '신분 상승'의 기회를 잡고 싶다면 훨씬 더 많이 노력해야 한다. 서른 정도가 되었을 때 주요 책임자 자리에 오른다면 앞으로의 커리어와 연봉 협상 등에 유리한 발판을 마련할 수 있다.

실업이나 구직 상태에 있을 때 해야 할 일은
나의 장점을 명확히 인지하고 전투력을 끌어올리는 것이다.

어느 정도 경륜이 쌓인 직장인들이 가장 멀리해야 할 것은 "라떼는 말이야."라고 말하며 소위 잘나가던 시절의 자신을 들먹거리는 것이다. 구직 활동 중이라면 기회를 기다리며 나의 장점을 명확히 인지하고 전문성을 길러야 한다. 남들의 비난이나 시선에 주눅 들지 말자. 그것이 인생의 다음 단계에 영향을 주어서는 안 된다.

내가 제일 잘하는 게 무엇인지, 다른 사람으로 대체될 수 없는 장점은 무엇인지 파악해 그것을 멋들어지게 포장하고 약점을 보완하자.

부지런히 밭을 개간해야 할 시기에 빈둥대면 수확할 거리가 없어 미래를 포기해야 한다. 바쁘게 일을 하다 보면 일상을 누릴 여유는 없다. 그러나 어느 정도 희생을 감내하지 않는다면 삶의 질은 점점 더 악화된다. 미래의 행복을 앞당겨 사용하면 지금 당장은 즐거울지 몰라도 미래는 암담하다.

미래를 진지하게 고민해 본 적 없는 사람에게, '고진감래'의 진리를 인정하지 않는 사람에게 달콤한 미래는 절대 오지 않는다.

직장에서 힘들지 않은 사람이 어디 있으랴.
적절한 휴식도 물론 중요하지만
'가장 돈 벌기 좋은 때'에 기회를 놓치지 않아야 한다.
실업으로, 구직 실패로 상심할 수는 있지만,
마냥 좌절해 있어서는 안 된다.

파도는 다시 일어난다.
두려운 마음을 버리고 기다리면
파도를 타고 올라설 기회는 반드시 온다.

Part 4

매일을 착실하게,

그리고 아름답게

내 삶의 템포는
내가 결정한다

"결혼 생각은 있는 거야?"

"결혼이 왜 하고 싶어?"

"결혼을 꼭 해야 하는 거야? 그게 뭐, 인생의 사명이라도 돼?"

스물다섯을 넘긴 사람들이 많이 듣게 되는 질문이다. 답이야 어찌 되었든 심각하게 고민해 봐야 할 인생의 선택 사항이다.

나이가 점점 들어가면서, 흔히들 말하는 '결혼 적령기'에 가까워지면 조급함이 앞선다. 하지만 정말 결혼이라는 그 문제에 관해 우리는 얼마나 깊이 생각해 봤을까?

주변 친구들이 하나둘 짝을 만나 결혼을 한다. 결혼식에 참

석해 멋지게 차려입은 신랑·신부를 보면 나는 어디서 결혼식을 올릴 건지, 식사는 어떤 걸로 할 건지 미리 '김칫국'을 마신다. 하지만 그보다 먼저 내 인생은 어떻게 경영해 나갈 건지, 나는 앞으로 어떤 계획이 있는지 돌아보지 않는 한 아름다운 결혼식도, 멋진 배우자도 만날 수 없다.

아직 짝도 없는데 결혼식에 얼마를 쓸 건지, 심지어 그 비용은 누가 얼마씩 낼 건지 생각하는 건 시기상조다. 그건 그저 사람들에게 나를 보여주기 위한, 거금을 들여 진행하는 '쇼'에 불과하다.

밥벌이가 무엇보다 우선이다

진짜 결혼 생활은 동화 속에 나오는 공주님과 왕자님처럼 "오래오래 행복하게 살았답니다"의 이야기만 가득한 게 아니다. 오히려 불행하고 비참한 결혼 생활이 훨씬 더 많은 게 현실이다. 어른들이 말하는 '완벽한 인생'의 수순은 취직하고 열심히 일해서 돈을 모은 다음 결혼을 해서 아이를 낳는 것이다.

만일 이 '암묵적인 관행'에서 벗어나면 속만 썩이는 집안의 골칫덩어리로 전락한다. 진심으로 서로 사랑하는 사람이 있다면, 그리고 결혼을 원한다면 꼭 돈이 많아야 하는 건 아니다. 하지만 인생에 이루고 싶은 목표가 있다면 돈이 있어야 성과를 낼 수 있다. 안타깝지만 부인할 수 없는 현실이다.

직장을 여러 번 옮기면서 쉬는 틈틈이 여행을 다니고, 그냥 그랬던 연애를 몇 번 해보고 나면 몇 년의 세월이 훌쩍 지나간다. 남는 건 혹독한 현실이다. 만일 결혼을 진심으로 하고 싶다면 착실하게 돈을 모아야 한다. 안정적인 직장을 찾아 꼬박꼬박 저금해야 한다. 재테크와 관련한 투자를 배우는 것도 좋은 방법이다. 시간이 흘러 결혼할 나이가 되었거나 이미 나이가 지났는데 가진 돈은 없고 곁에 함께 하는 배우자도 없다면, 게다가 혼자서의 삶도 충실하게 살지 못한다면 인생이 궁색해진다.

여유 자금을 탄력 있게 운영하자.
재정적인 여유가 있어야 마음에도 여유가 찾아온다.

삶을 유지하려면 밥벌이가 있어야 한다. 어쩔 수 없는 현실이다. 경제적인 기반이 없으면 품위 있는 생활을 누릴 수 없다.

삶에 푸대접받지 않으려면 어느 정도 경제적인 보장이 필요하다.

나는, 당신은 행복해졌는가?

●○

보수적인 집안에서 엄격한 가정교육을 받으며 자란 친구들은 부모님의 성화에 못 이겨 빨리 결혼을 결심한다. 그리고 결혼 후에는 완벽하게 아름다운 인생이 마법처럼 펼쳐질 거라 믿는다. 설령 경제적으로 아무리 어려울지라도 둘이 힘을 합치면 얼마든지 이겨낼 수 있으리라 생각한다. 하지만 이런 '꿈같은' 이야기가 모든 사람에게 적용되는 건 아니다.

두 사람이 함께하는 세상에 들어가야만 비로소 풍족한 인생, 완전한 인생을 만들 수 있는 걸까? 경제적으로 풍요로운 집안, 배우자를 만나야만 아무 걱정 없는 인생을 살 수 있는 것일까?

만일 결혼을 하고도 인생의 행복과 소속감을 느끼지 못한다면 두 사람의 결합은 오히려 서로에게 상처와 아픔만 남길 뿐이다. 모든 사람에겐 각자 풀어야 할 인생의 과제들이 있다. 나라는 사람의 가치는 부모님이나 친구들의 기대, 동료와의 비교 등에서 오는 게 아니다. 무언가에 등 떠밀려 인생의 배우자를 찾아 나설 필요는 없다. 그런 목적으로 예식장에 들어가서는 안된다.

발에 맞지 않는 구두, 내게 걸맞지 않은 인생은 괴로움만 안겨줄 뿐이다. 설령 사람들이 모두 부러워하는 예쁜 구두를 신었다고 해도 엄지발가락을 통해 찌릿하게 전해지는 통증과 뒤꿈치에 잡힌 물집의 고통은 오로지 나만 느낄 수 있다. 그 신발을 신고 어떻게 긴긴 여행을 할 수 있겠는가?

매일, 조금씩
나만의 템포에 발을 맞추자

모든 사람은 인생의 템포를 스스로 선택해야 한다. 부정적이든 긍정적이든, 그건 오로지 개인의 선택에 달렸다. 흔히 말하는 인생의 '부유함'에는 경제적인 자유는 물론 풍부한 시야, 다채로운 삶의 경험, 인생에 대한 혜안 등이 모두 포함된다.

'노총각', '노처녀' 등의 딱지가 붙으면 어떠한가? 어쩌면 누군가는 자유롭게 시간을 사용하고 자녀 교육비 때문에 고민하지 않아도 되는, 집 대출금에 연연하지 않아도 되는 싱글의 삶을 부러워할지도 모른다.

물질에 대한 욕심이 없는 사람들은 현재를 충실하게 살아간다. 저금이 많지 않아도 불안해하지 않는다. 그런데도 새로운 것을 계속해서 배우며 삶을 이어갈 동력을 유지한다. 본업 외에 자기계발에 투자할 여유가 있는 사람들은 제2의 인생을 계획하며 착실히 앞날을 개척한다. 함께 늙어갈 평생의 배우자가 있는 것도 물론 아름다운 일이지만, 내 인생의 주인으로 살아가며 나 스스로 인생의 반려자가 되어주는 것도 충분히 아름답다.

싱글의 삶도 아름답다.
일 혹은 사랑, 어떤 것에 더 장기적으로 투자할지는
스스로 결정하면 된다.

만일 혼자서 살아가는 삶을 선택했다면 나 자신과 잘 어울리는 법, 나 자신과 잘 살아가는 법을 터득하는 것이 좋다. 돈 쓰는 걸 두려워하지 말자. 아까워하지도 말자. 이해관계로 만나는 관계는 이제 과감하게 정리하자. 인생의 모든 만남은 저마다의 가치가 있다. 이성적으로 그 관계를 직면하고 받아들이면 가장 좋은 결과물을 수확할 수 있다.

초심을 잃지 말자. 부모님의 잔소리 폭격으로 세상에 대한 호기심을 접어두지 말자. 매일 조금씩, 나만의 템포로 걸어가면서 오랫동안 행복감을 누려보자.

정서적 협박에서
벗어나는 방법

주변 사람들과 화목하게 지내며 매사에 성실하고 정직하게 임하는 자세는 분명 칭찬받아 마땅하다. 하지만 과도한 희생과 협조는 상대에게 '저 사람은 하찮게 대해도 된다'는 착각을 불러일으킨다. 최선을 다해서 상대에게 맞춰주고 원만하게 대화로 마무리했다고 해도 결국 상대방은 만족하지 못하고 불만을 토로한다. 지나치게 굽신거리며 용서를 빌면 상대는 나를 무시하고 업신여기기까지 한다.

직장이나 가정에서 불화가 생겼을 때 빨리 사태를 무마하고 싶은 마음에 내키지는 않지만 용서를 빌거나 비위를 맞추려고 한다. 그렇지만 사실 그럴 때 필요한 건 상대를 향한 진심 어린 안부의 인사 한마디면 충분하다.

"괜찮아? 도움이 필요하면 언제든 말해. 내가 있잖아."

누군가 어려운 부탁을 해올 때 거절하는 법을 익히지 못한 우리는 생각한다. '저렇게 힘들어하는데 도와주지 않으면 난 정말 나쁜 사람이야.' 그러나 막상 부탁을 들어주고도 고맙다는 말은커녕 원망을 들을 때가 많다. 결과가 상대방의 기대에 못 미쳤기 때문이다.

어려운 부탁을 일일이 다 들어주면 결국 그 무거운 짐과 상처를 짊어져야 하는 사람은 나 자신이다.

정서적인 협박에서 벗어나라

계속해서 무리한 요구를 해오는 사람에게는 한마디로 거절해도 된다. 하지만 정서적으로 '협박'을 당하는 사람들은 내 거절로 상대가 좌절하고 실망하는 걸 보지 못한다. 그래서 어쩔 수 없이 부탁을 들어준다.

누군가의 부탁을 거절하지 못하는 진짜 이유는 나 자신이 누군가에게 거절당하는 걸 두려워하는 마음 때문이다. 관계가 끊어지고 쓸모없는 사람이 될 것 같은 불안한 마음이 상대의 요구를 수용하게 만든다. 우리는 미움받는 것에 대한 두려움 때문에 내 인생을 계속 왜곡한다. 다른 사람의 기대를 만족시키기 위해 나의 진짜 바람과 기대를 못 본 체하는 것이다.

그런데 억울하고 답답한 마음이 있어도 그걸 표현하지 않으면 오랜 기간 부정적인 정서의 소용돌이 속에 휘말릴 수밖에 없다.

나의 선의를 자꾸만 악의적으로 이용하는 사람에게 이제는 용감하게 거절 의사를 밝히자. 원래 모든 건 시작이 어렵다. 반격하지 않으면 나는 영원히 거절하지 못하는 사람으로 살아야 할지 모른다.

호의와 선심에도
신념이 필요하다

●●

　억울함과 불안함을 느낀 내 감정을 직시하자. 누군가를 위해 내가 했던 노력과 희생을 높이 평가하되 혹시나 그 과정에서 부정적인 감정을 느꼈다면 그것에 주목하라. 꼭 누군가의 마음을 기쁘게 하고, 누군가의 말을 잘 들어야만 하는 건 아니다. 모든 선택권은 내 손에 있다. 그 사실을 제대로 인식하는 게 급선무다.

　세상 모든 일에는 경계가 있고 마지노선이 있다. 그 경계선을 분명하게 하면 흔들리지 않는 신념으로 서 있을 수 있고, 그런 나에게 주변 사람들도 기꺼이 협조할 것이다. 남의 무리한 부탁을 과도하게 들어주느라 정작 내 시간과 에너지를 소비했는데 돌아오는 게 비난뿐이라면 어떨까.

　긍정적인 관계에서는 나의 호의와 선심에 좋은 피드백이 따라온다. 단, 그 모든 건 나의 진심에서 먼저 우러나온 것이어야만 한다. 이해관계를 따지면서 혹시나 내가 손해 보는 건 없는지 계산하려 들지 말자.

싸구려가 되지 말자. 나만의 원칙과 신념을 지키자.

누군가의 강요나 협박이 아닌
내 마음에서 먼저 우러나온 선심을 베풀어야 한다.
그래야만 도움을 받는 사람도 진심으로 고마움을 느낀다.

누군가를 위한 희생과 베풂은 고상하고 고귀한 긍정적 에너지다. 나를 진정으로 아끼고 위해 주는 사람에게 베푸는 친절은 오래 지속할 수 있고 행복을 유지하는 원동력이 된다. 만일 그 대상을 잘못 선택하면 도움을 주는 과정에서 오히려 불쾌함을 느끼고 오랜 기간 쌓아온 나의 신념과 자존심에 금이 갈 수도 있다.

건강한 관계를 유지하는 비결

●●

힘들게 느껴지는 관계가 있다면 내 마음을 더 자세히 들여다 봐야 한다. 서로 이해타산을 따지지 않고 도와주는 관계는 자연스럽게 더 끈끈해지지만, 일방적으로 희생하는 관계는 지속하기 어렵다. 상대가 내 희생에 어떤 보상을 해줄지 머릿속으로 자꾸만 계산하기 때문이다. 관계는 서로 균형을 유지해야 한다. 만일 한쪽으로 너무 치우쳤다면 그 자리에서 바로 멈춰야 한다. 그것이 나를 책임지는 길이다.

　어떤 모양의 삶을 살지는 나 스스로 계획하고 결정하면 된다. 사랑을 주는 사람이 될지 받을 사람이 될지, 도움을 주는 사람이 될지 받을 사람이 될지는 모두 내 선택에 달렸다. 관계 속에서 나 자신을 돌보면서 다른 사람에게 상처 주지 않으려면 서운한 마음이나 섭섭한 감정이 생겼을 때 마음에 담아두지 말고 적절한 방법으로 표현해야 한다. 그래야만 상대도 나를 존중하고 나란 사람을 소중하게 여길 것이다.

문제를 정면돌파하는
당신을 위한 선물

퇴근 후에 업무적으로 갑자기 걸려 오는 전화나 문자 메시지 때문에 편하게 쉴 수 없는 날이 있다. 갑자기 걸려 오는 업무 전화에 짜증과 화가 치밀어 오른다. 분노가 선을 넘어 가슴이 두근거리기까지 한다. 그렇지만 퇴근 후 지극히 사적인 시간에 업무적으로 연락을 한다는 건 당사자에게 욕먹을 마음의 준비를 단단히 마쳤다는 의미이기도 하다. 어쩌면 상사의 압박이나 어쩔 수 없이 처리해야 하는 '사건·사고' 때문에 온 연락일 수 있다.

그래도 화가 나는 건 어쩔 수 없다. 감정을 억누르지 못한 채 다듬어지지 않은 문자로 답하면 상대는 바로 그걸 알아채고 반격해올 수도 있다. 거기에 더 불같이 화를 내면 끝끝내 상대를 진압할 수 있지만, 그렇지 않은 경우라면 언쟁은 갈수록 더 높아진다. 결국에는 서로 체면도, 자존감도 잃어버린 진흙탕 싸움이 이어지고 이후 회사에서 마주치면 눈인사조차 나누지 않는다.

그렇다고 일이 해결되었는가? 그렇지 않다. 똑같은 상황이 발생하면 또 다른 언쟁의 불씨가 맹렬하게 타오를 것이다.

자꾸만 감정에 압도되어 일을 그르치면 후회하는 상황이 많이 생긴다. 사실 대다수 사람이 이와 같은 경험을 해보았을 것이다.

어릴 때는 나도 쉽게 화를 냈다. 그런데 미성숙한 감정과 생각, 태도로 분노에 가득 차서 일을 처리하면 결국 손해 보는 건 나 자신이었다. 능숙하게 일을 처리하는 능력이 없다 보니 책임을 전가하기에 바빴고, 그러면 더 큰 비난과 질책이 돌아왔다. 일도, 관계도 자꾸만 더 복잡하게 만들었다. 옆에서 한심한 눈으로 나를 바라보던 동료들의 눈빛을 떠올리면 아직도 아찔하다.

스트레스를 풀기 위해
현실과 타협하지 말자

감정적으로 반응하면 그 순간에는 속 시원할지 몰라도 결과적으로는 더 큰 후회만 남는다. 그래서 업무 회의나 가족 혹은 친구들과의 대화 자리에서는 사전에 '짜증 나는 심리'를 거둬들여야 한다. 크게 심호흡을 한 뒤 이성적인 자세로 상대의 생각을 듣고 반응해야 한다.

그 자리에서 당장 솔루션을 제시하기 어렵다면 상대에게 양해를 구하고 시간을 갖고 감정을 정리한 뒤에 대답하는 것이 좋다. 이 과정을 반복하면 상대 역시 나의 진심을 알아채기 때문에 관계가 상하지 않도록 피차 조심하게 된다.

삶에 어려움이 닥치면 많은 사람이 도피나 회피의 방법을 선택한다. 경제적으로 여건이 되는 사람들은 소비를 통해 우울한 기분을 날려버리고 상처받은 자신을 위로한다. 하지만 이 방법을 지속하거나 계속 현실을 회피해버리면 거기서 교훈을 얻고 성장할 기회를 잃어버린다. 그보다는 달콤한 디저트 하나로 심신을 안정시킨 다음, 마음이 편해지는 음악을 들으면서 다음 스텝을 생각하는 편이 낫다.

도망치지 않는 사람에게
달콤한 인생이 찾아온다

●●

살면서 찾아오는 갖가지 고난 앞에서 누군가는 현실을 외면한 채 도피하고, 누군가는 사람들에게 도움을 청한다. 다른 사람에게 책임을 전가하면서 강제적으로 협조를 얻어내는 사람도 있다. 하지만 이 모든 것은 건강한 해결 방법이 아니다.

눈앞에 놓인 달콤한 사탕에 정신이 팔리면 사건을 해결할 '골든타임'을 놓치고 만다. 지금 당장은 그냥 지나갈지 몰라도 본질을 해결하지 않았으니 향후 문제가 더 커다랗게 불어나 되돌아오기 마련이다. 그로 말미암아 사람들에게 신뢰를 잃어버리면 다시는 만회할 기회가 없을지도 모른다.

업무를 하면서 어려움이 생겼을 때 '이런 일을 내가 할 수 있을까? 아무리 노력해도 내 능력으로는 안 될 것 같은데.'라는 생각은 버려야 한다. 이런 마음으로는 일을 해결하기 어렵고 회피가 일종의 습관이 될 수도 있다. 우려와 걱정, 불안의 감정이 생기기 전에 지금 당장 해결해야 할 급한 일을 먼저 처리하자. 나쁜 감정은 한쪽에 잠시 치워둬야만 한다.

어려운 일을 처리할 때 부정적인 정서나 에너지는 아무런 도움이 되지 못한다. 설령 문제를 해결한다고 해도 성취감이나 기쁨을 누릴 수 없다. 사실 단맛과 쓴맛은 서로 상충하는 것이 아니다. 인생은 본래 단맛과 쓴맛이 한데 섞여 있다. 인생이 우리에게 준 쓴 물을 기꺼이 마시는 사람에게 비로소 달콤한 날들이 선물처럼 찾아올 것이다.

어릴 때는 나도 쉽게 화를 냈다.
그런데 미성숙한 감정과 생각, 태도로
분노에 가득 차서 일을 처리하면
결국 손해 보는 건 나 자신이었다.

능숙하게 일을 처리하는 능력이 없다 보니
책임을 전가하기에 바빴고,
그러면 더 큰 비난과 질책이 돌아왔다.
일도, 관계도 자꾸만 더 복잡하게 만들었다

매일을 어떻게
살아낼 것인가

승산이 없는 상황을 만났을 때, 사람들이 버릇처럼 하는 말이 있다.

"될 대로 돼라."

사람들은 이 말로 불안감을 잠재우고 나와 타인에게 하나의 핑곗거리를 제공한다. 잠시 잠깐, 어려운 현실에서 도피하고자 하는 마음도 함께 담겨 있다.

'될 대로 돼라'는 식의 마음은 삶에 대한 일종의 기대감을 표현하는 말이기도 하다. 일상과 업무, 대인 관계를 맺는 과정에서 최선을 다했는데도 뜻대로 잘되지 않을 때, 하늘이 대신 처리해달라는 의미이기도 하기 때문이다.

어떤 일을 처리하고 대응하는 과정에서 최선을 다했다면 뒤를 돌아보지 않아야 한다. 결과에 전전긍긍하며 지나치게 걱정하면 오히려 문제를 만드는 꼴이 된다. 일이 잘 안 풀리면 그때가서 대처하면 된다는 생각을 가지면 마음이 편하다. 만일 정말 마음대로 할 수 없을 때는 한 걸음 물러서서 기회를 살펴보면 된다. 때로는 일 보 전진을 위해 후퇴하는 것도 좋은 방법이다.

할 수 있는 모든 노력을 다했다면, 그래서 후회가 없다면 나머지는 시간에 맡기자. 조용히 기다리면 답을 알 수 있다.

설령 결과가 기대에 못 미친다고 해도 꼭 나쁜 점만 있는 건 아니다. 그 과정을 나를 반성하는 기회로 삼을 수 있기 때문이다. 잠시 쉬어가면서 인생의 포트폴리오를 조정하면 된다. 더 값진 것, 더 귀한 것에 나의 노력을 투자하면 된다. '될 대로 돼라'는 건 자포자기를 뜻하는 게 아니다. 모든 것이 순리대로 흘러가도록 맡기겠다는 의미다.

인생은 길지만 하늘을 원망할 시간은 없다.

나의 앞길을 막는 사람은 오직 하나, 나 자신이다.

실패의 원인이 무엇인지 직시하라.

넘어지는 건 부끄러운 일이 아니다.

넘어진 뒤에 일어나지 않고 그대로 있는 게 부끄러운 일이다.

역경에 대처하는 자세

매일 사는 게 지겹고 지루하다면, 무슨 일을 해도 다 뜻대로 잘 풀리지 않는다면 과연 얼마만큼의 노력을 기울였는지 돌아봐야 한다. 혹시 주변 환경에 너무 많은 간섭을 받는 건 아닌지, 쓸데없는 일에 시간을 너무 많이 투자하고 있는 건 아닌지 생각해 보자.

남의 이야기에는 귀를 막고 오로지 내 갈 길만을 고집하는 사람들에겐 좋은 결과를 기대하기 어렵다. 때에 따라 계획을 수정하고 나를 향한 진심 어린 조언에 귀를 기울이는 지혜를 발휘할 수 있어야 한다.

최근 몇 년 동안 우리는 계획을 세웠더라도 그것을 제대로 실천할 수 없는 환경과 상황을 겪어야만 했다. 환경을 바꿀 수 없다면 그것을 바라보는 시각을 바꿔야 한다. 소를 잃어버리기 전에 미리 외양간을 고치지 못할 수도 있다. 하지만 그렇다고 해서 넋 놓고 눈물만 흘릴 수는 없다. 불평불만으로 세월을 허송하기보다 다시 감정을 잘 추스르고 관계와 삶을 재정비해야 한다.

나를 위한 의미 있는 박수갈채

내게 맡겨진 본분에 충실하자. 나이마다 주어진 역할, 단계마다 주어진 모습에 최선을 다하자. 다른 사람이 아닌 나 자신에게 주목하자. 지나온 과정에서 겪은 모든 좌절과 실패는 결국 내가 원하는 그 목적지에 도달하도록 도와주는 소중한 밑거름이 될 것이다. 그러나 성공과 실패를 가늠하는 기준은 그 누구도 아닌 나 자신이 정하고 평가해야 한다. 다른 누구도 내 인생에 함부로 점수를 매길 수 없다.

아무리 사람들에게 박수갈채를 받을만한 성공을 거두었다

고 해도 과거의 나 자신보다 더 나아진 게 없다면 소용없다. 흔해 빠진 기준이나 경험으로 나 자신을 평가하고 현실에 안주하면 더 나은 가치를 창출할 수 없다.

우리 인생의 모든 날에는 수많은 선택 사항이 존재한다. 지금의 나를 과거의 나와 비교할 것인지, 다른 사람과 비교할 것인지는 내가 선택하는 것이다. 만일 과거의 나보다 더 성숙해지지 않았다면, 여전히 과거에 저질렀던 실수를 똑같이 저지르고 있다면 좀 더 노력해야 한다. 모든 날의 나는 어제의 나보다 나아져야 한다.

누군가를 위해 사는 삶이 아닌 나 자신을 위한 삶

뭐든지 최선을 다해야 후회가 남지 않는다. 인생의 단계마다 나를 위해 책임을 다하자. 타인의 시선에 얽매일 필요는 없다. 타인을 만족시키는 삶을 살다 보면 내 삶에는 억울함과 분노만 남게 된다. 나를 위해 공부하고 책을 읽고, 나를 위해 배우자를 고르고 삶을 계획하자. 모든 것은 내가 하기에 달렸다. 지금 내가 서 있는 곳에서 최선을 다해 살아내자. 꿈꾸는 미래를 실현하기 위해 만반의 준비를 갖추자.

그 누구도 내 인생을 대신 살아주지 않는다. 내게 맡겨진 의무, 내가 해야 할 본분에 최선을 다하자.

삶은 이미 분주함으로 가득하다. 인간관계도 복잡하다. 나를 괴롭게 만드는 사람들의 무리한 요구와 부탁을 들어주느라 인생을 허비하지 말자. 계획한 꿈을 위해 착실하게 걸음을 내딛도록 하자. 어떻게 살아야 할지 정확히 방향을 잡았다면 자신 있게 걸어갈 일만 남았다.

나이가 우리에게 주는 선물은 인생에 대한 지혜이지 세상에 대한 불만과 원망이 아니다. 삶이 우리에게 준 것은 아름다움으로 가득한 세상이지 영원히 만족하지 못할 욕망이 아니다. 매일을 즐겁게, 단순하게 살면서 작은 일에 쉽게 흔들리지 않는 어른이 되어보자.

모든 것의 끝에는 시작이 있다

여태껏 직장 때문에 삶의 터전을 여러 번 옮겨 다녔다. 타이베이에서 상하이로, 상하이에서 항저우로, 그리고 베이징으로. 11년 동안 여러 업종에 종사했고 다양한 기업에서 일했다. 유명 기업인들이 경영하는 회사에서도 근무했다. 그중에서 유일하게 변하지 않았던 건 브랜드 마케팅이나 브랜드 기획 운영 등과 같이 전문 영역에서 일관되게 경력을 쌓았다는 점이다. 특히 이 업종은 아이디어가 많이 필요하고 동료들과의 팀워크가 중요하다. 이것이 기반이 되어야 고객과 소비자의 니즈를 잘 파악하고 인정을 받을 수 있다.

오랫동안 여러 도시를 '유랑'하면서 신기하고 놀라운 일을 많이 경험했다. 놀라운 사람도 많이 봤다. 내가 지금 맞는 방향으로 잘 걸어가고 있는 건지 고민하며 밤을 지새운 날도 있었고, 대체 뭘 위해서 이렇게 노력하며 고생하는 건지 의구심이 들었던 날도 있었다. 사실 그런 좌절감에 휩싸이면 나는 다른 사람보다 훨씬 더 큰 걱정과 두려움을 느낀다. 숨이 가빠오고 손발이 떨리기까지 한다. 심리적 압박을 풀어내고자 쓰디쓴 에스프레소를 연거푸 들이켜 보기도 한다.

모든 사람은 저마다의 가치관이 있다. 어떤 이는 일이 삶의 최우선 순위고, 어떤 이는 가정과 배우자가 1순위다. 삶의 질을 가장 중시하는 사람도 있고, 물질적인 풍요를 중점으로 삼는 사람도 있다. 나이와 세대를 막론하고 이런 인생의 우선순위는 무엇이 중요하고 옳은 것인지 돌아보게 한다. 우리는 이 사이에서 균형을 잡아야 하며 나에게 맞는 편안한 방식을 선택해서 살아가야 한다.

나처럼 책임감이 지나치게 강하고 손에서 일을 놓으면 죄책감을 느끼며 일을 통해 성취와 자기 확신감을 얻는 사람들은 오랜 시간 고도의 스트레스에 시달릴 가능성이 높다. 그만큼 삶의 소소한 행복을 느끼지 못한다.

그래서 하루에도 몇 번씩 스스로 다짐하는 게 있다.

'밥때 지키자. 물 자주 마시자. 노래 들으면서 숨 한 번 고르자.'

아무리 일이 많아도 잠깐 나를 쉬게 할 시간이 필요하다. 노래를 들으면서 한쪽 눈을 감고 작은 게으름을 부려야 한다. 더 멀리, 더 길게 가기 위해서는 몸과 마음의 건강을 챙기는 게 무엇보다 중요하기 때문이다.

삶의 질을 높이기 위한
일과의 적절한 거리감

●●

모든 일을 하나하나 완벽하게 처리해야 직성이 풀리는 워커홀릭들은 종종 두려움에 압도되며 과도한 불안감에 휩싸인다. 그러면 머리 회전이 멈추기 때문에 아이디어도 떠오르지 않는다. 이럴 때는 곧바로 그 자리에서 일어나 휴식을 취해야 한다. 잠시 동안 나를 괴롭게 하는 일에서 멀어져야 한다. 고객들의 연락이나 동료들의 문자 메시지, 이메일도 못 본 체해야 한다. 조용하고 안락한 공간을 찾아 쉼을 청해야 한다. 반신욕으로 긴장했던 몸을 풀어주는 것도 좋은 방법이다. 다시 일하려면 영혼을 추슬러야 한다.

잠들기 전에는 스마트폰을 침실 밖에 두어 숙면을 방해하지 않도록 해야 한다. 만약 야간 근무가 잦다면 출퇴근 시간의 경계를 영원히 구분 지을 수 없다. 일을 그만두고 싶다는 생각이 들었을 때는 이미 불면증에 시달리며 몸에는 각종 병이 나타난 상태다. 심지어 집중력에도 큰 문제가 생긴다. 이런 증상은 과도하게 무언가에 열정을 쏟았거나 심신이 안정을 취하지 못해 나타난다. 그리고 이 문제는 삶의 질에 심각한 영향을 미친다.

진짜 나의 가치를 드러내는 길

나이가 들면서 일과 삶, 대인 관계의 경계를 구분 짓기 시작했다. 아무리 능력이 있어도 내가 할 수 있는 것엔 한계가 있다는 걸 깨달았기 때문이다. 먼저 손에서 일을 내려놓고 새로운 것을 배우는 기회를 최대한 가지려고 했다. 회사는 내가 없어도 잘만 돌아간다. 하지만 삶을 등한시하면 풍성하고 아름다운 시간을 누리지 못한다. 가족 혹은 친구들 모임에 나가지 않으면 거리감이 생기고 관계는 점점 더 얼어붙는다.

매일 우리는 자신의 존재감을 드러내기 위해 노력한다. 직장에서는 가치와 성과를 인정받고자 누군가에게 꼭 필요한 존재가 되려고 한다. 모든 관계가 '필요'에 의해 움직이는 건 사실이다. 그러나 나를 필요로 하는 누군가가 있으면 나 또한 누군가를 필요로 하게 된다. 인간관계는 상호적인 것이기에 사람들은 자신이 누군가에게 필요한 존재가 되어야만 행복하다고 믿는다.

그렇게 일방적인 생각 때문에 우리는 마음이 급해져서 종종 방향을 잃어버린다. 열심히 하는 건 좋지만 과도하게 열정을 쏟는 것도 건강에 좋지 않다. 그 과정에서 소중한 사람, 소중한 추억을 잃어버릴 수 있기 때문이다. '분주함'으로 나의 가치를 증명하려 하지 말자. 나의 가치는 타인이 인정해 주는 것이 아니라 나 스스로 깨달은 뒤에 자연스럽게 인생에 반영되는 것이다.

내려놓는 것을
두려워하지 말자

정시에 출근하고 정시에 퇴근해서 개인적인 시간을 갖도록 하자. 안심하라. 큰일은 절대 일어나지 않는다.

비효율적인 일을 거둬내고 우선순위를 정리하자. 그에 따라 일을 처리하고 하루 동안 그 템포에 맞춰 살아가야 한다. 시간은 소중하다. 조금 더 효율적으로 일을 처리하도록 노력하면 자연스럽게 정시에 퇴근 카드를 찍을 수 있다. 야근을 하면 내가 열심히 일하고 있다는 자기 착각에 빠질 수 있지만, 그것은 실질적인 삶의 질에 영향을 준다. 이 시간을 효율적으로 관리할 수 있는 사람이 정말 능력 있는 사람이다.

근무 시간으로 나의 가치를 증명하지 않기로 했다면 평소에 꿈꾸었던 삶의 리듬에 맞춰 살아가면 된다. 신기하게 그만큼 타인에 대한 관심과 애정도 늘어날 것이다.

인생에 대한 회의감이 드는 이유는 잘살고 있다는 믿음이 없어서다. 불필요한 일에 시간을 낭비하고 있고 그것들이 조금씩 건강을 갉아먹기 때문이다.

높은 수준의 삶을 유지하려면 아프지 않고 건강하게 일상을 보낼 수 있어야 한다. 그러려면 규칙적인 시간 활용이 중요하다. 그런 사람의 삶이 비로소 밝게 빛나며 남들에게 멋진 모습으로 비친다.

뭘 망설이는가. 오늘, 지금부터 바로 시작하라.

아무리 일이 많아도 잠깐 나를 쉬게 할 시간이 필요하다.
노래를 들으면서 한쪽 눈을 감고 작은 게으름을 부려야 한다.

더 멀리, 더 길게 가기 위해서는
몸과 마음의 건강을 챙기는 게 무엇보다 중요하기 때문이다.

한순간의 즐거움보다 영혼의 무게에 주목하라

요즘 세대의 뜨거운 화두는 '재정적 자유'다. 이는 '경제적인 걱정 없이 살 수 있는 상태'를 말하는 것으로 충분한 자산을 가지고 있어서 일하지 않아도 생활비를 충당할 수 있는 상태를 일컫는다.

재정이 진정한 의미의 자유를 줄 수 있는지에 관한 문제는 차치하고, 일단 다른 문제부터 생각해 보자. 대부분의 직장인은 회사에서 일하며 고생한 자신을 위로하기 위해 연차를 내고 해외여행을 가거나 3박 4일 호캉스를 떠난다. 그리고 다시 돌아와 인생을 마주한다.

사람들은 SNS에 남들이 부러워할 만한 본인의 여행 기록을 게시하며 마치 '전리품'이라도 얻은 것마냥 당당하게 일상을 자랑한다. 경제적 능력에 상관없이 다들 '지금을 즐겁게 사는 것'이 좌우명이라도 되는 것처럼 당장의 기분에 충실하려 한다. 오늘을 우울하게 보내면 내일의 나에게 미안하지 않겠냐며, 다 잊어버리고 놀자는 게 젊은이들이 추구하는 생각이다.

물론 그런 삶의 방식이 틀린 건 아니지만 한편으로 이것은 심리적인 압박에서 벗어나기 위한 빌미를 제공하며 일종의 현실 도피성 핑계가 되기도 한다. 그러나 누군가는 눈을 부릅뜨며 말한다. 겨우 태국, 일본, 상하이 등 가까운 아시아만 왔다 갔다 할 뿐이라 큰돈 쓸 일이 없다고 말이다. 저렴한 게스트하우스에 묵고 특가로 나온 비행기 티켓을 구매해 다녀오는 여행인 만큼 특별히 경제적으로 부담될 게 없다는 것이 그들의 주장이다.

하지만 엄연히 따지면 한 번 해외여행을 다녀오는 데 족히 200~300만 원 정도는 들어간다. 1년에 두 번에서 네 차례 정도 여행을 간다고 치면 천만 원을 훌쩍 넘는 수치다.

현재 여가 시장에서 가장 큰 비중을 차지하는 소비군은 회사에 다닌 지 5년이 되지 않는 직장인들이다. 그들은 여행은 물론 주말이나 퇴근 후 '소확행'을 실현하기 위해 아낌없이 소비한다. 스트레스를 풀기 위해 동료들과 경쟁적으로 비이성적인 소비를 하기도 한다. 이런 행동이 단기적으로는 큰 즐거움을 안겨 줄 수는 있다. 그런데 그것이 우리가 진정으로 원하는 삶의 모습일까?

보여주기 위한 삶인가?
내가 꿈꾸는 삶인가?

인플루언서나 유명 연예인이 추천한 제품은 순식간에 팔려 나간다. '지금 당장 손에 넣지 않으면 당신은 유행에 뒤떨어진 사람'이라는 마케팅 수단을 은근하게 심어 놓고 열광하게 한다.

그런데 한번 생각해 보자. 내가 정말로 원하는 삶은 무엇일까? 충동적인 감정이 쓰나미처럼 몰려왔다가 지나가고, 시간이 지나면 무언가에 홀린 듯 미친 듯이 소비를 했던 건 아닌가 하는 생각이 든다. 분명 당시에는 즐거웠던 것 같은데 행복한 기분만 남는 건 아니다. 아름다운 인생을 돈으로 살 수 있다고 생각한다면 지금의 사람들은 '자기기만' 식의 가짜 행복을 소비하는 것과 다름없다.

젊을 때는 돈 쓰는 게 즐겁다. 그게 나의 능력과 사회적 지위를 대변하는 것 같아서다. 하지만 흥청망청 돈을 다 쓰고 난 뒤에는 가혹하리만치 냉혹한 현실 앞에 무릎을 꿇는다. 비이성적인 소비는 빚이 되어 돌아온다. 충동적인 소비와 허영심에 정신이 혼미해지지 않도록 조심해야 한다. 젊음은 그 자체로 엄청난 본전이 된다. 원래 청춘은 항상 부족하고 모자라다.

스물여덟,
자기를 통제해야 할 나이

●○

누군가와 비교하는 삶은 끝이 없다. 학창 시절 성적부터 시작해 출신 학교, 다니는 회사, 들고 다니는 가방, 배우자 조건, 심지어 대인 관계에 이르기까지 뭐 하나 빠짐없이 계속해서 비교하며 열등의식을 느낀다.

어릴 때부터 우리는 무조건 '올라가야' 한다고 배웠다. 누군가의 어깨를 밟고 올라서지 않으면 경쟁자에게 내 어깨를 내어주고 말 것이라 배우며 자랐다.

인생의 여정에는 셀 수 없이 많은 장애물이 존재한다. 타인의 시선의 노예가 되면 겉으로 보이는 삶에만 신경을 곤두세우며 살아간다. 그런 인생에 진정한 행복이 있을까?

비: 비참해지거나
교: 교만해지거나.

나 자신으로 살아가라. 비교하는 삶은 고통의 근원이 된다.

자제력 없는 삶을 살면 미래에는 더 큰 대가를 지불해야 한다. 돈이든 인간관계든 도저히 채워지지 않는 내면의 공허함을 어떻게든 메워보고자 더 큰 소비를 하는 못된 습관이 만들어질 것이다. 남에게 보여주기 위한 삶을 사는 동안 나에게 찾아온 기회를 놓치고 있진 않은지 돌아봐야 한다.

소위 '자기 통제력'이란 오랜 시간 진실한 나와 나누는 진실한 대화와 같다.

새벽 늦은 시간에 잠들고 다음 날 정신을 차리지 못한다면 일찍 잠들고 일찍 일어나야 한다. 규칙적인 루틴을 만들고 일상을 탄탄하게 운영해야 한다. 더는 헬스장에 돈을 쓰고 싶지 않다면 건강한 식단을 먹으며 신체의 부담을 줄여야 한다. 오랫동안 신용카드 이자에 고통받고 싶지 않다면 이성적으로 생각한 다음 소비해야 한다. 그래야 투자 자본도 생기고 집세도 마련할 수 있다. 진정한 '재정적 자유'는 몸과 마음을 모두 자유롭게 하는 것이다.

내가 잘할 수 있는 것이 무엇인지 정확하게 파악하고 자신의 약점도 잘 알아야 한다. '자기 통제력'을 잘 발휘해 더는 손해 보는 삶을 살지 않아야 한다. 내면이 건강하고 충만한 삶은 생각보다 훨씬 단순하다.

위너가 되는 습관

 일단 직장에서 '형', '언니', '선배'라는 칭호를 얻었다면 그 순간부터는 예전보다 더 책임감 있게 행동하고 감정을 잘 다스려야 한다. 사람은 일단 업무 경험이 쌓이면 누군가에게 친절하게 대하는 게 어렵다. 자꾸만 훈계하고 지적하기 때문이다. 인간관계에서의 경중을 잘 알고 별로 마음에 들지 않는 사람에게도 친절하게 대하는 사람이 진짜로 성숙한 '선배'다.

 진정한 선배는 그저 오냐오냐 칭찬만 해주지 않는다. 바로잡아야 할 건 솔직하게 말해 준다. 거짓 인정과 거짓 칭찬은 상대가 자신의 실수를 발견하지 못하게 한다. '진짜'를 말해 주지 않는 선배는 후배의 성장을 도울 수 없다. 오히려 나쁜 버릇만 가르치는 셈이다.

K는 한 유명 브랜드의 총책임자로 일하고 있었다. 회사에는 그와 오랫동안 알고 지내는 친구가 한 명 있다. 그런데 그 친구는 말을 가려서 하지 않는 버릇이 있었다. 한번은 동료들과의 식사 자리에서 그 친구는 K가 젊은 시절 다니던 회사에서 해고 당했던 흑역사를 까발렸다. 본래 그 자리는 K가 그에게 커리어에 도움이 될만한 동료를 소개하려고 만든 자리였는데 그는 스스로 무덤을 판 꼴이 되었다. 그 후로 K는 마음의 빗장을 걸어 잠갔고, 더는 그와 어울리지 않았다.

도움이 되지 않는 관계는
하루빨리 정리하라

인생길에는 늘 나의 앞길을 가로막는 사람이 있다. 사람들과 함께하는 사교 자리에서는 특별히 말조심을 해야 한다. 나에 관한 얘기는 물론이요, 다른 사람에 관한, 특히 그의 안 좋은 과거에 관해서는 말을 아껴야 한다. 그의 상처를 드러내 사람들 앞에서 난도질한다고 해서 좋을 건 하나도 없다. 오히려 그 일로 대가를 치러야 하는 사람은 말을 조심하지 않은 당사자 본인이다.

나와 다른 사람을 인정하고 품어주되,
내 인생에 해가 되는 관계는 당장 정리하자.
이것은 이기적인 것이 아니라
인간사를 살아가면서 반드시 거쳐야 할 필수 과정이다.

옳지 않은 것은 바로 잡아야 하지만 그렇다고 특정 인물을 공격해서는 안 된다. 관계 속에서 나를 보호하는 것, 나를 아끼는 것은 절대 이기적인 행동이 아니다.

인생이라는 무대에서
우리는 무엇이든 될 수 있다

●◗

무대에 막이 오르고 인생이라는 공연이 시작되면 우리는 어떤 역할이든 할 수 있다. 편안하게 관중석에 앉아 공연을 관람할 수도 있고, 나의 인생 이야기를 누군가에게 들려줄 수도 있다. 직접 공연하는 연기자가 될 수도 있고, 극본을 새로 고쳐 쓸수도 있다. 역할을 성장시킬 수도 있고 공연을 연출할 수도 있다. 또 무대를 완전히 새롭게 바꿀 수도 있다.

'유능함'은 노력해서 이뤄내면 된다. 능력을 키우고 싶다면 성실하게 하루하루를 살고, 반복적으로 연습하면서 나의 치명적인 약점을 보완하고 수정하면 된다. 인생의 여러 선택지가 제시되었을 때 과감하게 선택해 보자.

누군가 내게 기회를 가져다주길 마냥 바라고 있을 수는 없다. 기회는 스스로 쟁취해야 한다. 하늘로부터 받은 사명이 무엇이든, 우주가 나에게 어떤 선물을 준비하고 있든 나는 오늘도 몸을 일으켜 앞으로 나아가야 한다. 나만의 인생이라는 무대에 최고의 공연을 올리도록 노력해야 한다.

이기는 사람의
체질을 만들어라

매일 똑같은 일을 끊임없이 반복해야 하는 건 참으로 지루한 일이다. 새로운 걸 좋아하고 오래된 것에는 싫증을 내는 것이 우리의 본능이기 때문이다. 예전과는 다른 새로운 경험, 바쁜 일상 속에서 얻는 감동, 새로운 지식 등은 우리를 앞으로 나아가게 하는 동력이 된다. 어떤 일을 진심으로 잘 완수하고 싶다면 목표를 세우고 그곳에 다가서도록 매일 조금씩 전진해야 한다.

외모에 변화를 주는 것도 기분을 전환하는 좋은 방법이다. 성공한 많은 이들은 장소에 따라, 기분에 따라 적절하게 가면을 바꾸어 쓴다.

앞서나간 사람들을 따라가자

성공한 사람들의 생각을 따라 하는 것이 가장 효율적으로, 가장 빠르게 성장할 수 있는 방법이 될 수도 있다. 성공한 사람들을 잘 관찰하면 반드시 배울 점이 있다. 앵무새처럼 따라 하라는 말이 아니다. 나의 장점과 단점을 잘 파악한 뒤에 그것을 적용해야 한다. 상황에 맞게 적용하는 지혜가 필요하다.

성공하고 싶다면 좋은 사람, 좋은 일과 가까이 지내야 한다. 스스로 행운아라고 느낀다면 그 느낌을 소중히 여기도록 하자. 세상이 나에게 더 많은 행운을 가져다 줄 것이다.

부자가 되고 싶다면 장기적인 투자와 재테크를 배우자. 아름다워지고 싶다면 분위기를 바꾸고 나를 더 정돈하자. 앞서 나간 사람들을 따라가며 긍정적인 에너지를 담아내자.

나를 위한 마법의 주문

●○

"나는 ○○한 사람이 될 수 있다"고 주문을 걸어보자. 시간이 지나면 나와 관계 없는 사람조차 내가 원하던 모습대로 변한 나를 느낄 수 있을 것이다. 노력하는 자만이 목표에 도달할 수 있다. 하늘을 원망하며 아무런 행동도 하지 않는다면 그 어떤 행운도 찾아오지 않는다.

내 능력에 한계가 있다는 걸 인식하고 새로운 걸 부지런히 배워야 한다. 기회가 왔을 때 잡아야 한다. 앞서 나간 사람들을 본받되 나의 템포로 가는 것, 그것이 성공으로 가는 가장 빠른 지름길이다.

오직 하나의 신분으로 살아가는 사람은 없다. 자녀이고, 아내이고, 남편이고, 직원이고 그 본분에 맞는 나의 모습에 부족함이 없도록 내게 맡겨진 역할에 최선을 다하자. 설령 사회에서 도태되거나 힘든 일이 생기더라도 자신감을 잃지 말자. 인생의 진정한 승리란 끝까지 버티는 사람에게 찾아온다.

위너가 되고 싶다면 어떤 역할이든 연기할 수 있어야 한다.

성공하는 사람의 체질을 만들어라.

연습하고 또 연습하라.

수동적인 삶을 살지 말자. 타인을 배려하는 인성을 기르자. 성공하는 사람은 어떤 환경에든 잘 적응하는 능력을 지녔다. 어떤 변화에도 의연하게 적응하고, 내 앞에 닥친 위기와 환난을 용감하게 대면하자. 물은 어떤 용기에도 담길 수 있는 것처럼, 누구든 유연하고 따듯하게 감싸줄 수 있는 마음을 가진 사람이 되자.

직감이 우리에게
말해 주는 것

　사물을 똑바로 바라보고 인식하는 기본적인 원칙은 반복적인 연습과 끊임없는 개선을 통해 이뤄진다. 이러한 능력을 갖춘 사람은 어떤 일을 접했을 때 빠른 시간 안에 '일목요연'하게 정리할 수 있다. 이는 곧 그 사람만의 '직감'으로 발전한다. 직감이 잘 발달한 사람은 누군가를 만났을 때 그와 잘 어울리는 '주파수'를 재빨리 찾아낸다.

　직감은 다양한 사람을 마주하며 발휘되는 인간의 본능적인 반응이다. 사회생활을 시작하면 각양각색의 사람을 만난다. 어떤 이는 '사람을 소비'하기도 하고, 타인을 짓누르는 방법으로 자신의 존재감과 중요성을 드러내기도 한다. 심하게는 정서적으로 도발하고 비난하는 방식으로 타인에게 상처를 남겨 인생을 무너뜨리기도 한다.

　그러나 그들에게 감정적으로 반응하지 말고 이성적으로 대해야 한다. 악의적인 방법으로 그들에게 공격을 가했을 때 뒤따르는 결과가 무엇인지 냉정하게 설명해 주면 그만이다. 만약 최소한의 양심이라도 있는 사람이라면 그 말을 이해하고 받아들일 것이다. 자존감이 낮고 자신감이 부족한 사람들은 습관적으로 모든 잘못을 자신의 탓으로 돌리며 자책하는데 이 역시 직감으로 바로 느낄 수 있다.

직감을 믿는다는 것

　사람을 만나면 가장 먼저 눈에 보이는 겉모습으로 판단하게 된다. 그러므로 누군가에게 환심과 호감을 사고 싶다면, 혹은 그 사람과 평화로운 관계를 유지하고 싶다면 최대한 선의를 베풀도록 하자.

함께 하는 시간이 길어지면 그 사람의 생각과 성격을 이해할 수 있다. 이 시기는 서로에게 '견습 기간'에 해당한다. 이 기간에는 식상하지만 예의 있는 인사말로 서로에게 안부를 전하고 상대에 대한 존중을 표시해야 한다. 노력했는데도 친구가 되지 않는다면, 선의를 베풀었음에도 긍정적인 관계로 발전하지 않는다면 정리할 줄도 알아야 한다.

관계의 본질을 깨닫게 된 건
청춘을 맞바꿔 얻어낸 지혜다.

진심으로 나에게 친절을 베푸는 건지, 아니면 다른 의도로 내게 다가오는 건지 역시 직감을 통해 알 수 있다. 내게 진심으로 대하는 사람을 가려내면 그들을 세심하게 배려하기 때문에 자연스레 마음을 얻고 신임을 얻는다.

디테일의 힘

이런 건 '육감이 맞았다'고 말하는 것보다는 '경험으로 알아
낸 것'이라고 말하는 게 더 정확할 것이다. 오랜 시간 수집한 빅
데이터라고 하는 편이 훨씬 더 설득력 있을 테니까. 직감이 발
달하면 같은 말이라도 만나는 사람마다 다르게 표현할 수 있다.
관계에서의 실수를 줄일 수 있고 이로써 신뢰를 얻을 수 있다.

'직감'은 인생을 살아오면서 축적한 경험이자 관계를 성공으
로 이끄는 중요한 요소다. 일을 할 때는 조금 더 디테일하게, 세
심하게 할 수 있게 도와주며 내게 주어진 임무를 잘 완수하게끔
도와준다. 남의 입장에서 생각할 수 있게 해주기 때문에 자연스
레 다른 사람의 마음을 꿰뚫어보는 '비밀 병기'가 되기도 한다.

진심으로 나에게 친절을 베푸는 건지,
아니면 다른 의도로 내게 다가오는 건지
역시 직감을 통해 알 수 있다.

내게 진심으로 대하는 사람을 가려내면
그들을 세심하게 배려하기 때문에
자연스레 마음을 얻고 신임을 얻는다.